创新主义

国家、企业和个人如何实现创新与传承

梁建章 著

中信出版集团 | 北京

图书在版编目（CIP）数据

创新主义 / 梁建章著. -- 北京：中信出版社，2024.4
ISBN 978-7-5217-6454-3

Ⅰ.①创… Ⅱ.①梁… Ⅲ.①企业创新 Ⅳ.①F273.1

中国国家版本馆 CIP 数据核字（2024）第 054322 号

创新主义

著者：	梁建章
出版发行：	中信出版集团股份有限公司
	（北京市朝阳区东三环北路 27 号嘉铭中心 邮编 100020）
承印者：	嘉业印刷（天津）有限公司

开本：787mm×1092mm 1/16		印张：15.5	字数：185 千字
版次：2024 年 4 月第 1 版		印次：2024 年 4 月第 1 次印刷	
书号：ISBN 978–7–5217–6454–3			
定价：69.00 元			

版权所有·侵权必究
如有印刷、装订问题，本公司负责调换。
服务热线：400-600-8099
投稿邮箱：author@citicpub.com

目 录

序 言　I

第一章　导　论　001
　　创新的定义　005
　　传承的定义　007
　　创新和传承的关系　010
　　创新主义的内涵　011

上 篇　理论篇

第二章　创新的理论与趋势　021
　　创新和财富　023
　　创新的机制和方法　031
　　国家创新力模型　038

第三章　人口传承的背景与理论　045

　　人口变迁史　048

　　马尔萨斯理论　050

　　现代人口增长规律　052

　　超低生育率的原因　056

　　对各国人口的预测　058

　　中国人口危机　062

　　人工智能和劳动力市场　064

　　人口政策和社会共识　068

第四章　创新主义的特性与价值观　073

　　本能和人类起源　075

　　高层次的满足感　082

　　充实性　085

　　科学性　086

　　包容性　090

　　可持续性　092

第五章　创新主义的哲学　097

　　生命的本质　100

　　创新主义的价值观　102

　　女性主义和女随母姓　108

　　创新主义和传统宗教文化　111

　　创新主义和敬祖文化　112

下 篇　实践篇

第六章　国家如何培育创新能力　123
产业政策能否促进创新　126
国家创新力模型　127
文明的兴衰　137
大国的政策陷阱　140
中美科技竞赛　143
中国的生育率将是世界最低？　146
生育福利的政策建议　148

第七章　企业如何培育创新能力　157
企业的追求：是利润还是创新　160
企业战略和创新　162
组织结构　165
外部采购策略　168
全球视野和文化差异　170
科学的方法　172
学习和分享的环境　175
文化和激励　176
企业社会责任、家庭友好和混合办公　177

第八章　个人如何培育创新能力　181
创新能力的要求及其趋势　183

智能技术如何影响创新的能力要求　187

　　智能社会中生活和工作的能力要求　191

　　智能时代如何学习　192

　　最佳创业年龄　199

　　最佳成家年龄　200

　　工作和终身学习　201

　　教育改革的建议　202

第九章　创新主义与科技伦理　211

　　新能源技术　213

　　人工智能　215

　　虚拟现实和元宇宙　218

　　基因技术和长寿技术　222

　　太空旅行和移民　223

结　语　229
致　谢　233
参考文献　235

序　言

　　7年前，我和太太迎来了我们的第二个孩子——我的小女儿。时间过得真快，转眼她就到了上小学的年龄。同其他小孩一样，她也不愿意做功课。有一次，我试图说服她要努力学习。

　　"宝贝，你知道你为什么要努力学习吗？"

　　"为什么，爸爸？"

　　我刚想说努力学习是为了赚钱，但话到嘴边又收了回去。不对，不能说是为了赚钱，她迟早会知道我们家有钱。于是我说："努力学习是为了工作。"

　　"但是为什么要工作呢？未来不是有机器人吗？"7岁的孩子会问一些深刻的问题。

　　"人还是要工作的，否则会很无聊。"

　　"真的吗？难道不能天天玩游戏吗？"

　　"工作比游戏好玩得多。"

　　"真的吗？"

　　"真的，因为不好玩的工作都让机器人做了。"

"好吧，那么为什么要努力学习才能工作呢？"

"因为好玩的工作就这么多，只有勤奋好学的孩子，才能获得这些工作机会。"

"你是说我现在少玩一些，长大后就可以一直有好玩的工作？"

"没错，宝贝。"

一直在旁听的太太悄悄说："你真能忽悠女儿，将来早晚会被拆穿。"

我辩解道："我不是忽悠，在AI（人工智能）和机器人的时代，剩下的工作都是有趣且与创新相关的工作，而且只有努力学习才有能力创新。"

当然，我写《创新主义》不是为了说服孩子努力学习，而是基于世界和中国的大背景。

首先是世界的大背景。当前，人类社会面临的最大的问题，是科技创新以及由此带来的伦理争议和可持续发展问题。解决这些问题需要哲学层面价值观和意义的思考。例如，当人工智能取代了很多人类的工作之后，人类未来应该从事何种工作，追求何种意义？又如，随着全球变暖引发了全世界的担忧，当代人的利益和可持续发展应该如何平衡？要想解决这些难题，需要对人类文明的意义进行更深入的思考。

其次是中国的大背景。中国社会面临的一大问题是经济和科技的发展是否可持续，以及生育率崩塌会造成多大的负面影响。这是令人担忧的问题，我在过去十几年进行了很多相关研究，也提出了很多关于生育福利的政策建议。但要想出台乃至落实这些政策，需要整个社会对创新和传承进行深入思考并达成共识。

最后是我的个人经历。身为企业家，我还有另一重身份——专攻人口研究的经济学家。这种双重身份使我可以从独特的立场与视角来诠释创新和传承的意义。有人可能好奇，我作为携程的创始人，怎么会成为人口经济学家？故事的起源可以追溯到2007年，当时携程已经成为中国领先的互联网公司，37岁的我决定辞去CEO（首席执行官）的职位，重回校园追求学术生涯的发展。之后我花了4年时间获得斯坦福大学经济学博士学位。硅谷当时是全球创新创业的中心，所以创新和创业自然成为我的研究主题。我在研究过程中发现，一个国家的创业活力与人口年龄结构有很大关系，人口老龄化程度越高的国家，创业和创新的活力就越弱。博士毕业后，我在北京大学光华管理学院的应用经济系担任研究教授，继续开展对创新和人口相关领域的学术研究。

我在关注中国人口问题时惊讶地发现，虽然当时中国的人口结构相对年轻，但是生育率远低于更替水平。更令人担忧的是，那时中国还在实行只允许生一胎的计划生育政策。我发现很多主流人口学家对中国人口问题的认知严重滞后，原因之一是当时社会上对人口政策缺乏深入讨论。因此，我决定尽己所能，深入研究人口问题，并提出相应的政策建议，推动生育政策的完善。

在之后的几年里，我就人口问题撰写了很多文章，也推出了一系列研究报告，出版了《中国人可以多生！》等著作。尽管我平时在携程的管理工作繁忙，但是我仍然充满激情和责任感地去做人口与创新研究，并且利用各种渠道讲述我的观点，希望推动改革。我感觉自己责任重大的原因是，我能提供独特的观点和视角。不同于其他经济学家，我是从一个独特的角度——创新——

来分析人口对经济的影响的。很多经济学家忽略了人口崩塌的最大危害是削弱未来中国的创新能力，而创新能力是未来中国经济可持续发展的关键。

2016年生育政策全面放开以后，生育率仅仅经历了短暂反弹，随后就继续快速下降。我的研究方向也逐渐转为推动出台各种生育福利的政策建议。我的一些观点引起了公众辩论，生育福利的很多政策，包括育儿补助和教育改革都颇具争议。然而，我坚信这种辩论是必要的。生育不只是一个重要的公共政策议题，它还与个人选择密切相关。广泛的公众讨论，可以引发人们对创新和传承的深度思考。

我很快意识到，创新和传承的深度思考会很自然地引出一些终极哲学问题：生命的意义是什么？每一代人应该肩负怎样的责任？创新和传承应该是一种怎样的关系？人类文明的长期使命是什么？我认为，只有对这些哲学层面的问题进行深入分析和认真解答，才有助于达成更新的社会共识和推动进步变革。我会在本书中总结和分享自己的思考，希望能推动必要的观念更新和政策变革，进而推动人类社会的进步。

第一章

导　论

生命的意义是什么？

我们为什么来到这个世界？

我们应该追求什么样的价值观？

这是自古以来，无数哲学家、科学家、宗教领袖和普通人都在思考的终极问题，但始终没有找到标准答案，甚至难以达成共识。对大多数人来说，人生来就是为了勤勉工作养家糊口，生命的意义似乎是一个虚幻的命题。可一旦有机会在安静的夜晚仰望星空，人们难免还是会思考生命的意义。有人说，人生没有意义，唯有赚钱和享乐。或许这代表了一些人的认知，但是当经济发展到一定水平以后，温饱已经不再是主要问题，再多的物质享受也未必能带来更多的快乐，于是人们自然就会转向追求精神享受。那么，又该追求何种精神享受呢？究竟哪种精神追求能够带来长久的快乐？于是又回到了最初的问题：生命的意义是什么？

在古代，无论是古希腊哲学家还是中国的大儒，似乎只有社会精英才会思考"意义问题"。但时至今日，"意义问题"对于大众来说也很重要。这是因为到了 21 世纪，很多国家已经发展到了"充裕时代"，发达国家的人均收入超过 3 万美元，全球的人均收入也超过 1.2 万美元，很多家庭只需花费收入中的一小部分就可以解决温饱问题，人们开始有更多的时间及金钱来选择不同的生活方式和娱乐爱好。但是人们的幸福指数并没有得到同步提高，很多年轻人选择了"躺平"，对于努力工作或者组织家庭缺乏兴趣，甚至沉迷于游戏和虚拟世界，对于生命究竟有何意义感到怀疑和迷茫。年轻人"躺平"所带来的直接结果，就是不利于可持续发展的超低生育率，这已经引发了整个社会的担忧。从这个角度来看，生命的意义的确不再只是精英关心的哲学问题了。

人类的科技创新正在多个方向突飞猛进，尤其是在基因技术、虚拟现实、人工智能和机器人等领域，而这些领域的科技发展目前都存在伦理道德方面的争议。另外，经济和科技的发展也带来了环境与贫富差距等可持续发展问题。例如，要解决全球变暖和减排问题，需要这一代人做出一定的牺牲，这是为了实现更加深远的人类文明发展。这种超越当代人利益的人类文明的意义，与个体的人生意义似乎是同一个问题。

人类社会的另一个趋势就是，越来越多的人从事与创新相关的工作。目前全球最大和最成功的企业，都是创新型高科技企业。在国家之间、企业之间甚至个人之间展开的竞争，往往都会演变为创新力的竞争。于是，如何培养创新力成为家长、学校、企业乃至国家都十分关心的课题。那么，这种创新驱动的社会和经济发展趋势，是否会影响我们对于生命的意义的思考呢？

人工智能的出现，更是把对创新的思考上升到了哲学高度。因为机器人似乎能够替代人类所有的工作，甚至包括一部分创新的工作。本书将论证，尽管人工智能无所不能，但人类还是会主导创新相关的工作。这不仅是因为让人工智能主导创新会有极大的风险，还因为创新本身就是一项很有意思的工作。如果人类总要把时间用来从事某项工作而不是全部用来娱乐，那么这项工作只可能是创新。

本书的宏图，是要介绍一种对生命的意义的全新诠释——生命的意义是创新和传承。这是一个非常复杂的问题，牵涉经济学、社会学、心理学和哲学，也与最新出现的各种黑科技相关。

下面我们先来定义创新和传承。

创新的定义

本书中所说的创新，超越了前人的想法，既包括新的知识、产品、生产工艺和组织形式，也包括文化、艺术方面的创造等。创新是一个广泛的概念，有很多不同的分类。我们可以把它大致分成以下几类：

- 科学基础理论。
- 技术的创新：新工艺、新材料、新产品。
- 新的商业模式和组织形式。
- 文艺创新，如文学、音乐、电影、艺术等。

首先是基础的自然科学和社会科学的理论创新，比如数学和基础物理的新理论，又如经济学里的贸易和供需理论等。理论的创新，通常由大学等科研机构完成。

基础理论的创新只是创新中很小的一部分，更多的创新是技术、工艺、材料和产品。其实过去几十年，基础物理领域并没有什么革命性的突破，但是人类的科技创新却突飞猛进。绝大多数创新是现有知识的重新组合，比如在现有的物理理论下，原子、分子和组织形式的组合无穷无尽，所以人类还有源源不断的创新机会，有些产品的创新甚至先于理论的创新，比如当年瓦特的改良蒸汽机要先于热力学理论的进步。本书有关创新的分析，多以科学技术的创新为案例。

另外就是商业模式和组织形式的创新。有些创新需要新的组织形式和商业模式，对于现有公司和行业格局具有颠覆性，这类创新一般由创业公司来推动，例如亚马逊的在线商店就完全颠覆了线下书店和整个零售行业。颠覆性创新往往伴随着巨大的行业变革和财富创造，其中企业家和创业公司往往起到关键作用。

不同于科技创新，文艺方面的创新往往是艺术家个人的杰作。这些作品可以反映社会现实，带来审美享受，引发伦理和哲学的思考，是人类文化的重要组成部分。文学艺术方面的创新，往往与当时的科技发展和社会形态密切相关，例如照相机的发明，就从根本上影响了19世纪的绘画艺术。

参与创新有很多不同的方式。艺术家和科学家显然是直接参与创新的。企业里直接参与创新的是研发部门，包括产品设计、生产流程的设计等。有些创新并非来自研发部门，例如，客服经理发现了一个流程上的缺陷并提出了改进意见，也是直接参与了流程的创新。又如，在企业里支持创新活动的营销部门和人事部门，这些部门为创新活动所做的营销和招聘工作，也是创新活动的必要组成部分，可以算是间接参与了创新。创新的失败也是一种创新，因为一个失败的产品或者商业模式，往往能为后来的创新者提供教训。还有一种参与方式是用户参与创新，有些网络产品的内容和服务，依靠其他用户在使用过程中提供，如用户产生的书评、攻略等。

社会上还有很多人虽然不直接或间接参与创新，但他们的工作却是在帮助他人创新。例如，政府部门通过国家政策营造出有利于全民创新的宏观环境，工人和农民生产出创新必需的资源和工具，教师在培养学生的创新能力，医生为创新提供健康保障，保姆帮助家庭抚养孩子。这些人的贡献，可以让他人更好地参与创新，因此可以说同样为人类文明的长期繁荣做出了贡献。

随着人工智能和大数据技术大量取代重复性工作，不仅是研发人员忙于创新，就连一线的操作人员也主要负责解决异常问题，如果用创造性的办法解决了异常问题，并且有推广价值，那就会成为一种创新，这种创新甚至不需要创新者主动推广，人工智能的算法就会自动地学习和推广。因此，随着智能技术的发展，未来人类工作的更多内容将与创新相关。无论是工人、农民还是教师，在解决一个新的问题时，都可以主动或者自动地记录下来，分析总结后使之成为后人可用的创新。例如，对于教师来说，针对每个学生提出的新问题的解答，都可以算作一次微创新，可以被后来的教师借鉴使用。据估算，在发达经济体里，约有5%的人直接参与研发，间接参与创新的有20%左右，而且这个数字随着人工智能的普及还在不断提升。未来会有更广泛的人群参与创新并做出贡献，包括会有更多的用户参与创新。

传承的定义

传承是一个和创新相对的概念。传承是指后人继承并传播了这一创新的想法，并且有可能在此基础上做出进一步创新。创新需要传承，因为传承是创新的结果和测量，传承能反映这一创新的想法对于后人的影响，一个没有传承的创新，就像仅停留在脑子中的想法或者没有任何人读过的论文，可能都算不上创新。因此，有影响力的创新就必须得到传承。创新的强度或者大小，可以用它的影响力来衡量。创新的影响力不仅包括直接用户，也包括受创新启发而引发的其他创新。成功的创新成果可以成为其他创新的"踏脚石"，失败的创新尝试也可以被后来的创新者借鉴。

传承不应当被理解为完全复制，本书描述的传承，强调在复制的基础上做进一步的再创新。其实只要不去刻意压制创新，任何过去的创新都可以被利用成为进一步创新的"踏脚石"。从人类发展的历史来看，创新活动就像一个传承接力赛，每个创新都是基于前一轮创新的传承。

传承还有一层含义就是养育后代。如果把生育看作基因的传承，那么自从有了两性繁殖，每次基因的传承也伴随着创新，因为每个孩子的基因都是父母基因独一无二的组合。基因与模因（meme）的创新和传承是人类发展的根本动力，这个观点由理查德·道金斯在《自私的基因》一书中首先提出，并且得到了广泛的认可。如果把人比喻为计算机，其硬件就是基因，软件就是模因（想法），人类文明既需要基因的创新，也需要想法的创新。[1]本书中所提到的生命的意义，指的是广义的创新和传承，既涵盖了想法的创新和传承，也包括基因的传承。

有人会说，把基因和想法相提并论有些牵强。的确，两者的表象完全不同，但是背后的逻辑却十分相似。首先，生育和养育孩子与科技创新都有很大的不确定性和随机性，有关科研创新的不确定性会在下一章详细论述。其次，生育（包括养育）孩子和科研创新都需要付出巨大的代价。最后，两者的回报都需要很长时间，甚至要到后世才能体现出来，都是为人类文明的长期繁荣做出贡献。由此可见，两者都是为了给后世留下些什么，所带来的意义感和成就感是相同的。

有人会质疑把人口比作硬件的说法：如果科技创新足够先进，那么就不需要这么多的人口了，所以生育也就不那么重要了。要回应这个质疑，就要回答人工智能能否完全替代人类工作，包括能否完成创新的工作。我试图在本书中回答这个问题，结论就是创新活动还是要靠人类完成，所以人口是创新不可或缺的要素。想法的创新离不开人口的繁衍，就像软件离不开硬件一样。本书下文会详细论述人口和创新的关系。为了区分，本书一般把养育孩子称作"传承"，把想法的创新——狭义的创新——称作"创新"。

本书的核心观点是，创新和传承就是生命的意义。人类文明的意义，就是通过创新和传承来实现长期繁荣。什么是长期繁荣？最直白的说法就是，要数量多、空间广而且一直延续下去。还有一点非常重要，那就是延续的过程要有趣。细菌虽然也无处不在，而且存活了几亿年，但是无趣。追求人类社会的长期繁荣，就要实现世世代代不断有丰富多彩的新生活。总之，人生的意义就在于，持续为人类的知识大厦或者基因大厦添砖加瓦。

有些人可以直接或间接地参与知识的创新和传承，有些人则帮助他人实现创新和传承，比如医生和保姆。创新和传承也涵盖养育后代，很多人把生育和养育孩子当作最大的成就。人生匆匆几十年，如果能够为社会留下点什么，为人类社会的长期繁荣做点贡献，那就不枉此生。

创新和传承的关系

创新和传承必须放在一起讲，因为两者其实是一体的。如果创新是想法的生产者，那么传承就是创新的使用者。没有传承的创新，比如一个没有说出来或记下来的想法可能毫无意义，因为对后世或者后代没有影响。因此，传承其实是创新的试金石或者说价值体现。相比之下，看起来耀眼的金钱，却未必能很好地反映创新的价值。比如，有些科技发现似乎没有商业价值，但有可能在未来被后代长期使用，这样的例子在科学界比比皆是。就好比论文的质量可以按照其被引用的次数来测量一样，创新的价值同样可以用未来会激发多少后续创新的标准来衡量。

这个逻辑同样适用于基因的传承，就是你的孩子后续有多少后代。有可能你的孩子现在看起来很平庸，但是只要他还有后代，后代还有后代，那么你的后代的数量就会指数级增长，说不定未来你的后代中就会诞生伟大的科学家。因此，你的基因创新应该以未来会有多少后代来衡量。当然无论是想法的传承还是基因的传承，都是未来的事情，当前无法对其进行准确预测。但这并不妨碍我们把未来传承最大化——"青史留名"——作为一个目标。创新不能没有传承，传承也离不开创新。如果每代人完全复制上一代人的生活方式，没有任何创新，那么即使人类社会得以延续，也会是无趣的！而且科技的进步有可能不进则退，历史上也出现过多次文明的停滞和倒退。因此，在实现传承的同时，也要继续创新，所谓青出于蓝而胜于蓝。其中包括基因的创新，如果基因没有创新，比如说人类实现永生却不再生育，会产生什么问题呢？如果不生孩子，就没有人类基因的创新。如果因为缺乏年轻人而导致社会固化，整个社会的科技就会停滞（这涉及科幻题材，我的科幻小说《永生之后》对此有所预测和揭示）。

此外，基因的传承也是对创新意义的必要补充。因为并非所有创新都有利于人类的传承。有些创新可能给人类延续造成风险，比如某项技术能带来短期收益却会污染环境，或者某项生物技术可能带来伦理上的风险等。要想平衡创新可能带来的收益和风险，就必须考虑对于传承的影响，也就是说，要以人类长期繁荣为目标，既要创新，也要控制风险。

最后，中国要从一个中等收入国家跃升成为发达国家，就必须成为创新型国家。但是中国的生育率近几年几乎跌至世界最低。低生育率引起的人口减少和人口老化，会严重削弱国家的创新能力。这些内容将在第三章和第六章中详细论述。因此，保持人口传承，即人口数量的稳定，是保持创新力的基础。

创新主义的内涵

本书把追求创新和传承的相关价值观定义为"创新主义"。创新主义的使命，就是通过创新和传承来追求人类文明的长期繁荣。创新和传承的范畴，不仅涵盖科技和艺术，还包括养育后代。文明长期繁荣的追求，不仅是时间的延续和空间的延展，还包含创新和基因的繁荣。这种使命可以推导出一系列价值观，也可以指导国家政策、企业经营和个人生活。创新主义的价值观注重学习、进取和理性的人生哲学，代表更加平等、宽松、协作和更具社会责任的企业文化，同时提倡开放、包容和生育友好的国家政策。

这是"创新主义"首次作为一个哲学概念被提出来。历史上的大哲学家生活在创新缓慢的时代，所以没有把创新作为终极追求的思考角度。另外，基因的传承以往也不是一个问题，因为人类的低生育率只是近几十年的事情。当然，哲学家在人类历史上留下了很多宝贵的思想可以借鉴。翻阅文献可以发现，对于生命的意义有很多种说法，最常见的说法包括快乐、自由、自我实现、公益等。而创新和传承可以带来自我实现的高级快乐，同时也将为社会做出贡献。因此，这些生命的意义和创新主义是一致的。不仅如此，相对于其他说法，创新主义的价值观更加具有本原、充实、包容和可持续等内涵。

首先，创新和传承是与生俱来的人类本能。个体的传承——生育孩子是来自进化论的本能。我们所赞美的爱情、母爱、父爱等美好情感，都和生命延续的本能有关。同时，在漫长的进化史中，人类比起大多数其他动物更具好奇心和社交性，人类的探索欲和创造欲与生俱来，而且可能是人类不同于动物的特质。"新鲜感"是一个褒义词，新的地方、新的朋友、新的想法都会带来快乐，而且这种创新的快乐要比其他快乐更加高级。根据马斯洛的需求理论，创造是自我实现的一种高级体现。主动创造比被动体验更具成就感，就像主动参加体育比赛比观看体育比赛更具成就感一样。

其次，创新和传承相对于其他生命的意义的诠释更加充实和具体。比如，有人认为生命的意义在于自由和快乐，那么多了自由支配的时间当然是好事，可问题在于，应该如何享受自由时间或者说应该追求何种快乐呢？旅行、体育、音乐、元宇宙、赌博、毒品，把自由支配的时间花费在这些不同的领域内，难道其生命的意义就能等量齐观吗？显然不是。又如，有人想要追求更高级的自我实现，那么究竟应该追求什么内容呢？有人说应该做公益，为创建更美好的社会做贡献，那么接下来的问题是，什么才是更美好的社会？应该是更多的消费，还是更注重环保？是更注重传统家庭，还是移风易俗？这些都是难以回答的问题，但是如果把创新和传承作为目标补充进来，答案就会明晰很多。创新和传承就是追求人类文明的长期繁荣。如果以此为目标，就会对如何取舍有一定的指导。比如，注重环保就是考虑有利于后代的生存。又如，旅行有利于创新和传承（以后会更详细地论证），而赌博则不是。因此，创新和传承相对于其他生命的意义更具有充实的指导意义。

再次，创新和传承的价值观是科学、理性、包容且合作的。这是因为科技创新的最有效方法是科学方法，即注重理论逻辑并且不断地用实验观察来验证和修正理论。创新和传承注重群体合作，不仅涉及各位科学家之间的合作，还有不同企业之间的合作。这种合作没有民族和国家的边界，所以创新和传承可以促进不同种群与国家之间的合作。虽然创新也有竞争，但会成为争先竞优的正和游戏，而不是争夺资源和土地的零和游戏。

最后，创新和传承是一种可持续的长久历史责任。中国的先贤在立德立功之后还要立言，就是希望将思想流传给后人，这体现了创新和传承的内涵。任何文明要想长盛不衰，必定需要持续的创新和传承。人类文明能拥有今天的科技水平和人口规模，就是因为祖先通过创新和传承为我们留下了宝贵的财富，包括所有的科技创新、文化沉淀和巨大的基因池。这些创新和传承，大到科学发明和艺术创造，小到一句点评或者养育了一个孩子，都是对人类创新和传承的部分贡献。人类社会之所以能发展到今天的繁荣程度，是祖先们不断创新和传承的结果。我们可以把人类的进化史和文明史视为一个知识和基因的接力赛，在前人的肩膀上不断创新和传承，而我们的责任就是传好这一代的接力棒。

传承的另一层含义，是人类自身基因的传承。人类基因组合的数量堪比天文数字，任何一个孩子的基因都是独一无二的，所以每个人的诞生都是一种创新。如果一个人能够留下后代，而后代平均生育两个孩子，那么几十代以后就可能有10亿个后代。因此，只要你留下了后代，千年以后的科学家和政治家很可能就有你的基因贡献。总的来说，人类祖先通过创新和传承，缔造了科学技术和文化的知识大厦，以及80亿的人类基因库。因此我们这一代人，也责无旁贷地需要进一步为人类积累这一财富。

相对于其他意义，创新和传承更具持久性，也符合"我思故我在"的人择原理（Anthropic Principle）。为什么要传承？因为如果人类失去传承而灭绝，自然也就没人会问这个问题了。我们今天能有幸探讨人生意义，正是因为祖辈实现了创新并且传承给了我们。反之，一个不注重创新和传承的种群会很快消亡在历史的长河中。因此，一种长久的价值观，必然注重创新和传承。世界主流的文化，无一例外都注重传承，尤其是中华文化。

本书各章内容概述如下。

第一章介绍了创新和传承的定义及意义。第二章将介绍创新的历史和趋势，以及主要相关的创新理论。其中将介绍创新力模型，在同等条件下，拥有庞大和年轻的人口是创新力的基础性优势。第三章将介绍人口传承的主要理论，以及人口的历史和趋势，其中包括东亚及东南亚国家，尤其是中国面临的低生育率危机。

在介绍了创新和传承的背景知识与理论之后，第四章将详细论证创新和传承作为人生意义的独特性以及相关的价值观。第五章会比较创新主义和其他主要哲学流派的异同，以及相对于其他"主义"的价值观，创新主义的价值观更注重科学理性和个性自由，同时也注重家庭和社会合作。

本书的第六章、第七章、第八章运用创新主义的价值观和创新力模型，来分析国家、企业和个人如何培育创新能力。总的来说，创新力的培养需要快学和博学，要大胆地进行实验，还有广泛合作。这些创新主义的价值观可以落实在个人、企业和国家的具体策略方面。第六章会讨论国家的创新战略和人口战略。第七章结合我本人创业和管理的经验，将论述如何塑造一个创新型企业。第八章将详细分析创新主义指导下的个人学习策略，以及对工作和家庭的思考。

第九章讲述人工智能、基因科技、长寿技术、虚拟现实等新科技将如何影响人类社会，以及创新主义价值观如何评价这些技术，并提出相应的政策建议。其中最重要的观点是，人类在智能时代还是要把创新和传承的特权留给自己。最新的人工智能已经能够模拟音乐和艺术的风格，但人工智能可能永远无法理解人的情感，因为人的情感与生死有关，没有生死就没有情感和自我意识。当然人类也可以制造存在生死状态的机器人，但这样的机器人就像病毒一样具有高风险，而且机器人的复制完全没有经过时间的检验，而人类生孩子的基因遗传方式，是在几亿年的生物进化过程中被验证为最成功的创新和传承的方式。因此，人类并不会让机器人存在生死状态，而是让机器人成为和人类互补的强大工具，机器人也就不会具备真正的情感和自我意识。在可以预见的将来，生死、情感和自我意识依然将只是人类所特有的。创新，尤其是对人性有深刻理解的创新活动，仍将由人类主导。此外，创新是非常有成就感的事情，所以人类也不舍得将这种享受让给机器人。因此，创新和传承可以说是人类的特权，也再次论证了创新和传承是生命的根本意义。

　　本书多个章节将讲述创新和人口的关系：人口是创新力的基础性要素。中国过去几十年的创新力迅速提升，得益于庞大的高素质年轻人口。但是现在面临的困境是，随着经济的发展，人们生育传承的意愿变得越来越弱。理论上，随着经济的发展，人们拥有更多的闲暇时间，就会想要更多的孩子。但实际上，人类的生育意愿正变得越来越低。书里分析了很多原因，其中最重要的原因是，低效且"内卷"的教育系统挤占了生育时间，以及生育所导致的职场机会成本变得越来越高等。另外，根据一些悲观的预测，未来在娱乐领域的一些创新可能会颠覆人类的传承本能。当游戏比真实世界更刺激时，在真实世界中探索和创新的欲望就可能被颠覆。当虚拟性爱比现实带来更多的快感时，传承的生理本能就遭到了颠覆。很多年轻人沉迷于虚拟世界，工作上选择"躺平"，生活上不婚不育。这是人类文明的一个漏洞，必须积极地修补。修补的方式首先是经济手段，比如推出各种鼓励生育的福利和教育改革等政策。但是这些政策有难度、有争议，而且经济成本高，因此只有整个社会达成了共识，把创新和传承上升到生命的意义的高度，才会愿意投资鼓励生育，以及去艰难地推动包括教育在内的相关改革。

本书最后也提到了旅行技术和探索宇宙对于创新和传承的意义。如果说传承是时间维度的拓展，那么旅行就是空间维度的拓展。"行"虽然是衣食住行里的最后一个，但却是最高级的，因为旅行与创新和传承都有关系。旅行可以促进创新。在文明的历史上，迁徙、贸易和发现新大陆都极大促进了人类的创新活动。未来如果人类能够移民太空，可能对于人类世界观和创新力又是一次不可想象的提升。旅行也可以分散风险和促进传承。在人类进化史上，很多早期的部落都已灭绝，好在还有很多分支因旅行而散落在全球各地，那些最幸运和最富创造力的部落最终成了我们的祖先。如果人类在未来可以移民太空，就可以把文明的鸡蛋放在不同的星球篮子里，因此文明在一个星球的失败也不至于导致彻底灭绝。仰望星空，如果人类不是宇宙中唯一的文明，我们就要不断创新去开拓宇宙，才能跑赢外星人，避免被外星人灭绝或者奴役的命运。如果人类是宇宙中唯一的文明，那么人类的使命更是要创新和传承，让唯一文明的种子延续下去，同时要让我们的子子孙孙不断地拓展边界去探索宇宙奥秘。有些人相信上帝创造了人类，那么上帝同时还创造了渺小的地球和浩瀚的宇宙，是不是正在等待人类去探索呢？

小　结

　　创新和传承,作为生命的意义的一种诠释,更加本原、高级、充实、科学、普适、可持续,而且与人类原则自洽。因为在哲学意义上,不容置疑的就是"我思故我在"。我们之所以能够在这里思考生命的意义,是因为祖先的创新和传承。同样,如果我们要留给后代一种价值观,那么创新和传承似乎是唯一长久和自洽的价值观。

　　再次仰望星空,不禁感叹,宇宙虽然浩瀚,生命固然短暂和渺小,但是渺小的人类可以在空间和时间上无限传承,从而在宇宙中孕育无限有趣的创新。

上 篇

理论篇

第二章

创新的理论与趋势

创新和财富

人类的发展历史，其实就是一部科技创新的历史，财富和创新力的关联性也变得愈加紧密。农业时代的财富主要取决于土地，工业时代还有相当一部分财富与石油等资源有关。但到了 21 世纪，一个国家的财富和国力主要取决于其科技创新能力。高科技公司所创造的财富，在近几十年呈指数级增长。通过表 2.1 可以看出，全球市值最大的公司几乎都是高科技公司。而且高科技公司的更替非常快，这个榜单与 20 年前相比有很大的变化，新入榜的公司占了绝大多数。很多新兴的公司，如亚马逊、Alphabet（字母控股公司，谷歌母公司）、脸书、阿里巴巴、腾讯，只有不到 30 年的历史。这说明科技造富的能力不仅增强了，而且更替速度加快了。

表 2.1　不同年份全球市值最高的 10 家公司

排名	1989 年 公司名称	市值（百万美元）	1999 年 公司名称	市值（百万美元）	2019 年 公司名称	市值（百万美元）
1	日本兴业银行	104 291	微软公司	602 433	苹果公司	1 305 000
2	住友银行	73 305	通用电气公司	507 217	微软公司	1 203 000
3	富士银行	69 403	思科公司	357 112	字母控股公司	922 130
4	第一劝业银行	64 036	沃尔玛百货公司	307 518	亚马逊	916 150
5	埃克森公司	63 838	埃克森美孚公司	278 873	脸书	585 320
6	通用电气公司	58 187	英特尔公司	275 006	阿里巴巴	569 010
7	东京电力公司	56 500	日本电报电话公司	272 053	伯克希尔-哈撒韦	553 530
8	国际商业机器公司	55 657	朗讯科技公司	227 990	腾讯	461 370
9	丰田汽车公司	53 251	诺基亚公司	218 987	摩根大通	437 230
10	美国电话电报公司	48 951	德国电信公司	216 075	维萨	416 790

资料来源：CNBC（美国消费者新闻与商业频道），维基百科。

　　为什么创新造富的速度越来越快呢？一个原因是现在的创新往往出现在数字技术领域，数字技术的特点就是可以非常快地复制和传播，所以成功的数字科技公司往往会出现爆炸式的成长速度。另一个原因是全球化，创新的知识或者产品在全球化背景下传播得更快、更广。比如，谷歌搜索引擎在美国取得成功以后，很快就占领了全球除中国以外的市场，成了世界上最赚钱的公司之一。全球化的发展，使创新的回报比以往更为丰厚。此外，飞速发展的人工智能和机器人技术会取代很多人类的日常工作。这些智能系统需要更多的人来参与创造，却只需要更少的人来操作，所以更多的人力和财力会流向创新型企业，导致后者取代很多操作型和运营型企业。由此，人工智能放大了创新型企业的经济价值和重要性。

国家和企业层面的创新会创造越来越多的财富，个人层面同样如此。与创新相关的工作不仅岗位数量暴涨，薪资报酬也越来越高。30年前，美国收入最高的职业是医生和律师，但是现在最热门的职业是软件工程师，其薪酬已经超过了医生和律师。在斯坦福大学，本科最热门的专业是计算机，每年选择计算机专业的学生达到本科生数量的1/5，远远超过其他专业。中国的情况也是如此，中国的高科技专业，尤其是人工智能和大数据领域的学生薪资很高，根据猎聘发布的《2018 AI人才竞争力报告》，人工智能人才的平均年薪为50万~60万元。[1]

随着创新造富的速度加快和强度提高，创新所占的经济比重也越来越高。除了高科技公司的市值增长迅速之外，从事研发的人员数量也越来越多，各个主要创新国家研发的费用以远高于GDP（国内生产总值）增速的速度增长。2012—2022年，美国的研发投入占GDP的比例从2.7%增长到了3.4%[2]，中国的研发占比则从1.9%增长到了2.5%。[3]

收入和财富分配

创新对于企业和经济越来越重要，对于个人也是如此。如果把学历当作对能力要求的一种反映，可以发现，近年来对于从事创新工作的人的学历要求越来越高，高学历和低学历的收入差距也越来越大。几十年前，大学毕业就可以从事一定的科研工作，现在很多大公司招募的基层员工都是硕士学历起步。这里面固然有"学历通胀"的因素，但也需要看到，创新者要学的内容越来越多。创新要站在巨人的肩膀上，而巨人的肩膀是不断变高的，比如现在程序员要学习的内容，比几十年前我在大学时学习的内容多得多，前者还包括近十几年发展出来的机器学习、人工智能等必备内容。当然，现在计算机系毕业生的工资涨幅也远远高于社会平均水平。长期的趋势就是，无论在能力要求、学历要求还是收入方面，创新者和非创新者之间的差距都将进一步出现两极分化。

人工智能的出现更是加剧了这种两极分化。因为人工智能取代了很多重复性的工作，比如文员、翻译和客服等。目前人工智能也可以帮助科研人员提高效率，但终究还是无法取代高端的创新工作。因此，人工智能导致全社会减少了低端职位的需求，同时提升了高端职位的效率，导致两极分化的趋势更难被逆转。有关人工智能对经济和劳动力市场的影响，将在后文详细论述。

创新者在成功之后所获取的收益，也远远高于社会平均收益。创新的成功是一个小概率事件，10个创业公司最后可能只有1个能成长为大公司，结果就是创新的成功者会拿到远比失败者高得多的收益。因此我们看到，成功的企业家和艺术家会迅速登上财富榜，但同时也出现了大量收入不高的艺术家和创业者。这种赢家通吃的现象，表面上造成了贫富差距，但也需要看到，丰厚回报对于创新而言是非常必要的激励。试想，如果政府对创新创业所得收取90%的所得税，还会有这么多人投身于创新创业吗？而且成功企业家的个人所得，哪怕是令人羡慕的天文数字，往往也只是相当于其创造的社会价值中的一小部分。耶鲁大学著名经济学家威廉·诺德豪斯进行模型计算后表示，企业家在创新生产过程中，只获取了其中约2.2%的价值，其余的则以工作、工资和价值的形式转移给了社会。[4] 普通企业家创造了大量不属于自己的价值，因此他们也是社会企业家。[5]

创新巨大的造富能力虽然可能放大贫富差距，但同时也增加了阶层的流动性。虽然大多数人的创业会失败，但是只要成功的收获足够大，还是会有很多人前仆后继地投身于冒险创业。这可以提供更多白手起家的机会，不仅是创业者和企业家，在新兴公司里工作的年轻人也会获得更大的上升空间，可以增强健康的社会流动性。试想，如果没有创新和创业的机会，社会阶层就会固化，年轻人只能去大公司或者政府体系论资排辈慢慢晋升。如果真是这样，很多年轻人选择"躺平"就不足为奇了。

创新和利润的关系

在经济学理论中，很多企业如果其商品完全一样，并且有同样的成本和无限的产能扩展能力，就会进行所谓的完美竞争，结果则是所有竞争者都没有额外利润。因此，要想获取超额利润，就必须具备某种稀缺性、独特性，或者称为"垄断"。垄断可能是资源垄断，或者是行政垄断，也可能是技术垄断。在公平的市场经济竞争下，利润主要来源于技术垄断，也就是说创新所带来的短暂的独特性。这种创新的垄断有时来自专利的保护，有时靠短期的不可模仿性，或者是某种先发优势。例如，医药公司的垄断可能主要来自专利，新能源公司的垄断可能来自生产和供应链的模仿难度，而社交媒体的垄断可能基于先发优势。

就像高收入是个人创新的重要动机一样，利润则是企业创新的动机，没有利润的诱惑，商业上的创新就吸引不到资金和人才。当然，基础科学的创新可以靠学术界的认可作为动机，但是科技商业化所需要的巨大投入，必须以未来的短期垄断利润为诱饵，这就需要加强对私有财产和知识产权的保护。

另外，利润也保障了一种资源分配的投票机制。过去创新更成功的公司，也就是利润更多的公司，可以拥有资源来投入下一轮创新。在社会资源有限的情况下，这种机制实际上是让过去创新更成功的公司对未来的创新方向拥有更大的影响力。由于创新的不可预测性，用过去的成功程度来分配创新资源，似乎是一种合理甚至最佳的模式。

同样的逻辑适用于基因的创新。在企业的创新竞争中，成功可以用利润来衡量。在进化论的理论体系中，如何衡量物种的成功呢？我们不妨用满足基本生存需求（成本）之后还有多少闲暇时间（类似企业的利润）来衡量。进化论中的成功者，应该是那些生存无忧且拥有很多闲暇时间的物种。这种衡量标准要比物种数量更加合理，否则仅仅以数量来衡量，细菌岂不是会被当作最成功的物种？因此，用闲暇时间来衡量更为合理，人类就是生物界最成功的物种，有大量的时间可以从事温饱以外的活动。

比较成功的企业和物种，具有更强大的创新能力。至于那些竞争压力太大的企业和物种，可能反而没有那么强的创新潜力。当然，创新潜力并不等于创新能力，如果完全没有竞争压力，也可能会削弱创新力，比如随着利润到顶，企业就不再具有参与创新的动力。因此，企业（或者物种）的创新力会随着竞争压力的加强呈现出倒 U 形，如果完全没有压力或者压力太大，都会有损创新力。[6] 这个逻辑不仅适用于企业、个人和物种，而且可能适用于国家。

国家、资源和贫富问题

对于国家的贫富来说，创新也变得越来越重要。在工业文明之前，有没有资源和土地可能是决定国家贫富的重要因素。但在如今的世界经济中，只有 5% 的份额与自然资源相关。我们仅仅通过日常经验也能得出这个结论，比如生产汽车、制造电脑以及建造房子所用到的金属、塑料与合成纤维等原料，并不那么值钱。此外，资源消耗更少的服务业，在经济中的地位将会更加重要。可以预测，资源的重要性从长期来看会持续下降。

在一个国家内部，资源丰富的地区一般都比较贫穷，而人口密集的地区则相对更富裕一些。在美国，大多数人居住在距离海岸 50 英里[①]之内的地区，多数大公司、大学和研究机构也位于沿海地区。美国之所以成为最强大的国家，不是因为它拥有丰富的自然资源，而是因为拥有丰富的人力资源，以及建立在前者基

---

① 1 英里 ≈1.6 千米。——编者注

础上所形成的全球领先的科技创新能力。当今，几乎所有高收入国家都是创新强国。

人类正在面临碳排放引起的气候变暖问题。在这个时代，科技创新被认为是解决碳排放问题的根本途径。科技创新已经提供了各种替代能源的可能性，如太阳能、风能等。太阳能的发电成本已经接近火力发电，当然，如果要全面推广还需要巨额的投资。要彻底解决碳排放问题，靠减少人口或者减少消费都不可能成功，必须依靠新能源技术的开发和利用，还需要全社会对于投入巨额资源达成共识。

除了创新之外，还有许多关键因素可以使一个国家变得富裕。这些因素包括稳定的政府、产权保护、良好的基础设施、健全的金融体系、良好的教育和贸易开放。所有这些因素都很重要，但是从政策的视角来看，哪些更加难以实现？我们暂且忽略那些最不发达的国家（比如非洲的一些国家，因为它们缺乏的要素太多），而去关注中等收入国家，会发现其中大多数国家具备这些要素。例如，泰国拥有稳定的政府、不错的基础设施，大学入学率和贸易开放度也比较高，但它还不能被称为发达国家。差距在哪里呢？通过对比会发现，高收入国家与中等收入国家之间的差距，往往就在于创新能力的高低。

那么究竟什么样的国家政策才能培育创新力？这样的政策是基于什么理论？在心理学、经济学还有人口学或者哲学中还有哪些创新理论？我在2007年前后前往斯坦福大学攻读经济学博士，处于世界创新中心的硅谷，作为创业者，希望研究与创新相关的经济学。但令人惊讶的是，创新领域的经济理论还有很多空白。对于何种环境或者政策会引发创新，或者是创新和人口的关系，都没有很成熟的理论，也不是热门的研究方向。当然，这并非因为创新不重要，而是因为研究创新很难，也缺乏量化的数据。学者为了发表论文和评职称，都会把研究方向定在比较容易做出成果的领域。总的来说，创新虽然是一个非常重要的现象，甚至是最重要的经济活动，但长期缺乏成熟的理论。接下来，我简单介绍一下自己认为最重要的，尤其是与创新主义价值观相关的理论。

创新的机制和方法

随机探索和不确定性

创新活动最大的规律就是，颠覆性创新的方向没有规律或者说不可预测。从创新的定义来讲，如果有规律可循，那么就不是创新了。如果一项技术有确定的规律和方向，那么我们从定义上就会把它叫作1~100，而不是0~1，1~100至少不能称作颠覆性创新。如果只是1~100，大公司或者大机构就会做得很好，这并不是创业公司的机会。过去几十年里，很多创业公司的崛起都出乎意料。举个有趣的例子，在我小时候阅读的科幻小说里，最具创新含量的主要是太空飞船和机器人，那时却没人想到，如今手机和互联网才是这个时代最具革命性的创新。

创新大方向不可预测的结论乍看令人惊讶，实际上却是一种必然。如果一项技术有确定的方向，那么在市场经济背景下，肯定早就有人去实现确定的机会，这就不能叫作颠覆性创新或者0~1式的创新。因此，真正的颠覆性创新机会注定是不可预测的。

从颠覆性创新的不可预测性，我们还可以得到一些启发。《为什么伟大不能被计划》一书就论证了伟大创新的不可预测性。[7] 创新不可能有明确的行动路线图。人类前沿科学技术的突破，就像搜索一个无限维度、无限复杂的迷宫。这个迷宫绝对不是线性的。有时看起来已经很接近成功，实际却是一条死胡同。有时看似是一条羊肠小道或者毫不相关的路径，却引出了一个柳暗花明的全新视角和解决方案。在星罗棋布分散在各处的宝藏物件里，很多物件之间也存在不可预测的联系，你只有发现了 A，才会得到宝贵的线索 B，只有了解 B，才会知道 C 在哪里。一些创新表面上看起来没有应用价值，却在后来被发现可以引来意想不到的伟大创新。例如，微分几何是 18 世纪的数学发明，用来研究曲面上的几何，当时毫无实际应用价值，因为已知的物理世界都是平的。谁也没有想到，后来微分几何成了爱因斯坦发明广义相对论的数学工具。还有一个例子是玻璃的发明，谁也没有料到，原本当作装饰用的玻璃，后来却成就了先进的望远镜，促成了伽利略对日心说的有力支持和牛顿的万有引力。这样的例子还有很多，包括现在的数字科技，也是在无数信息科技和工业科技的"踏脚石"上建立起来的。

如果不能用当时是否有用来衡量创新的价值，那么又该如何衡量呢？如果当一个"事后诸葛"，当然可以用后来有多少传承或者引发了多少再创新来衡量，但实际上，当时很难评估未来的创新价值。或许只能有一个模糊的标准，那就是这个创新是否"有趣"，这个思路是否新颖，是否拓展了以往的认知边界，或者提供了另外一种思路，也就是是否更具启发性。虽然有趣和启发性的概念也有些模糊，但这似乎已经是能够给出的最佳标准了。比如，用有趣与否来衡量上个例子里的微分几何，曲面空间当时被认为并不存在，但对几何学而言是一个足够有趣的发现，所以也就成了数学的一个分支。

书中还举了一个以新奇和有趣作为目标的成功的例子。在一个机器人学习项目中，目的是让一个像人类一样拥有双腿的机器人最终学会行走。在两位程序员为机器人编写的算法中，优先目标并不是双腿能够尽快行走，而是尽可能让机器人用自己的双腿做出一些新奇的动作。出乎意料的是，当设定的算法是鼓励机器人做出新奇动作时，它学会走路所用的时间远远少于目标被设定为尽快学会行走的时间。这是为什么呢？原来，如果机器人被设定为"尽快学会行走"，那么在算法逻辑里，摔倒就是一件坏事，机器人会努力避免摔倒，但同时也限制了它对各种行走姿态的试错；但如果是以新奇动作为优先目标，那么机器人一开始会以各种姿势花式摔跟头，但在这个过程中，它逐渐学会了踢腿、摆动身体，而这两个动作正是实现双腿行走的基础。

如果把基因的进化也视作一种创新，那么生物的进化也呈现很大的不可预测性。谁能料到是哺乳动物而非恐龙成了地球的主宰呢？试想一下，如果没有陨石撞击地球灭绝了恐龙，那么哺乳动物的崛起还要等多少年？在哺乳动物里，谁能料到是灵长类而不是大象或者狼最终能够成功呢？而在众多人类的祖先中，谁能料到是智人而不是尼安德特人等其他种群最终发展出了文明呢？

创新之不可预测性给我们带来的启发是：在宏观上，创新活动是一个分布式的随机搜索过程，所以要尽可能让更多的搜索者，如科学家和艺术家，以个人的独特视角或创意，去发现可能成功的路径。虽然有些创新暂时看起来没用，但却有可能是未来伟大创新的"踏脚石"。因此，一个创新不仅要看现在的用处多大，还要看其有多么新奇或者有趣，因为越是有趣且越具启发性的想法，就有越大的可能成为未来创新的"踏脚石"。

创新的不可预测性和不确定性似乎让人沮丧，但是反过来想，如果创新有确定的方向，那么只需要少数精英去规划尝试，从而整个社会的财富和权力就会更加集中，阶层就会更加固化。正是由于这种不确定性，才需要更多的人自主探索，社会才有更多的包容度、多样性和流动性。由此可以引申出创新主义自由和包容的价值观，有关创新主义的价值观将在后文详细介绍。

科学方法和创新网络

科学的方法，是提出理论和模型。在很多情况下，理论和模型可以使用精确和量化的数学语言来描述。用理论去推导和预测实验和观察数据，然后用实验和观察数据来验证及修正理论。科学方法的特点就是要有可预测性，所提出的理论必须可以预测一些未知的现象，这也就是所谓的可证伪性，科学的理论必须有可能是错的，如果真的出现了其错误预测的现象，这个科学理论就可以被修正（见图 2.1）。科学的发展历史，就是科学理论不断被修正的历史。

人类科学方法的启蒙出现在古希腊，那时已经发明了几何学，可以用几条公理推出很多几何定理。托勒密的天文学理论，试图用地心说模型来精确预测天体的运行。虽然这个理论多年之后被证明是错的，但是这种提出量化模型和理论并且用观察来验证的方法，却是科学方法的雏形。

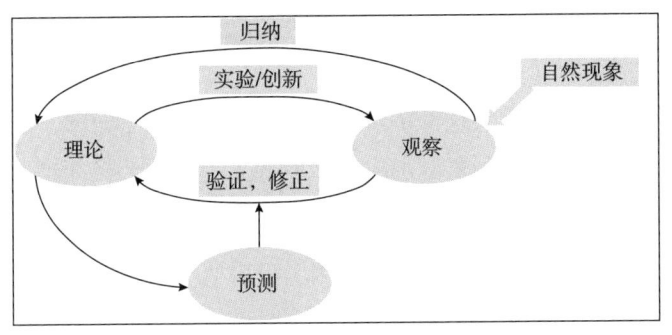

图 2.1 科学方法模型

在此后的 1 000 多年，中世纪的宗教严重束缚了科学的发展。但是古希腊科学方法的雏形在文艺复兴之后得到了传承。以伽利略为首的科学家，凭借先进的望远镜，修正了托勒密天文学，支持了以太阳为中心的天体理论。导致牛顿后来用万有引力和微积分为理论模型，精确地预测了天体的运行规律，开启了科学革命的大门。牛顿开创的经典物理学取得了极大成功，让人类意识到自然界规律竟然可以用简单的数学公式来精确描述。人们对于用科学和科学方法来解释世界的信心大增，科学和科学方法成为人类认知世界最有效的办法。

有人会问，为什么东方没有出现现代科学？这个问题在学术界颇有争议，产生了多种说法。其中一种说法是，古代中国可能缺失的是科学的方法——严密的推理、量化的模型，以及对实验观察的验证。举个例子，中国以前也发现了勾股定理，但是描述的不是模型，而只是列举了一些勾股数，如勾三股四弦五，并没有上升到理论，也没有逻辑推导和证明。中国的一些阴阳理论表面上可以解释一切，但也正因为可以解释一切或者叫作不可证伪，后人也难以不断完善这些理论。当然这只是一种说法，至于为什么是西欧而不是古代中国率先成为世界创新中心，后面还会有进一步的论述。

科学方法缺失的直接结果，就是形成不了创新的网络。创新的最佳组织形式，是要尽可能多地发挥人的创造力，并且让人们能够互相借鉴和学习，形成一个互相传承的创新网络。形成创新网络的前提必须是科学的方法。因为只有当科学家提出量化的理论和精确描述的实验，才方便让其他科学家参与进来，一起来设计和重现实验，一起来验证和修正理论，或者把这个创新作为"踏脚石"进行新的创新。科学方法中的可证伪性和可验证性，是形成创新网络的必备条件。

早在几百年前，西欧的科学家就通过学术期刊、研讨会和协会等形式，组成学术创新的网络，促进众多科学家的交流，从而显著提高整体的创新效率，最终引发了科学革命。中国古代虽然也有科学家，但是往往单打独斗而没有形成学术网络。至于当今的创新，更不再是某个科学家的个人表演，而是一个科学家群体的创新，这就是迄今为止非常成功的学术圈子。科学家不只是出于商业的目的，而是为了名誉和兴趣，争先恐后地发表自己的创新理论和实验，并能很快得到全球其他科学家的反馈。

相对于学术创新，过去企业里的创新往往是秘密进行的。但是近年来的新趋势是，即便是企业的创新也变得越来越开放。与开放的学术网络类似的是，近年来流行的开源创新生态。很多软件已经从一个公司的产品，演变为全社会软件工程师都可以参与的开源创新生态。例如，Linux 操作系统就是一个非常成功的创新网络。不仅是软件，像维基百科这样的媒体公司，也是由全社会的作者共同参与完成的开源系统，或者说是一个开放的创新网络。这些开源的创新网络,由于有全社会的创新者参与,无论是创新的速度还是质量,都远远高于封闭的创新产品。

科学方法和创新网络不仅是创新产生的核心机制,而且可以引申出创新主义的重要价值观:科学和开放。科学是创新与传承的媒介和语言,创新网络提供了人类协同合作的交流平台。因此,成功的创新者必须掌握科学的工具,并且具有开放合作的理念。有关创新主义的价值观将在后文详细介绍。

创新力的要素

前面讲了决定一个国家的财富水平最重要的因素是创新力。所以说,社会科学中最重要的研究课题之一是如何培养创新力。《创造性破坏》一书总结了这方面最新的研究成果,经济学的共识是创新力需要产权保护、基础设施、开放贸易、普及教育、合理的税收负担等要素。这些要素都只是必要条件,远远不是充分条件。很多中等收入国家,如泰国、马来西亚,都具备这些条件,但其创新力和经济发展水平都不能达到发达国家水平。这些因素也不能解释为什么美国的创新力远超其他发达国家,因为似乎其他发达国家在这些方面并不逊于美国。

迄今为止,现代经济学还缺少可以很好地解释国家创新力的理论。最接近的,可能是20多年前美国经济学家保罗·罗默提出的创新和经济增长模型。[8]一个人口规模更大的群体,可以让更多人从事研究和创新工作,从而驱动更快的技术进步和更高的劳动生产率。罗默模型中的人口,没有特指是一个国家的人口还是全球的人口。如果是全球人口,那么这个模型正好能解释过去几百年全球人口和创新力同步增加的现象。

如果要解释一个国家的创新力，就需要一个新的模型。前面我讲了创新的不确定搜索模型和科学方法。不确定的搜索需要很多人去实验和探索，科学方法的精髓是让很多人交流参与。因此，这两者带来的启示是创新力来自很多聪明人的交流。受到这个启发，我在《人口战略》中首先提出了国家创新力模型。

国家创新力模型

新的产品和技术不可能被凭空创造出来，而是现有产品和技术的一种新的组合和连接。现有产品技术的知识，有些存在于公共领域，例如基础理论知识可以通过学习来获得。有些则需要和不同领域的知识携带者进行沟通交流。所谓的知识携带者可能是相关领域的科学家，可能是一个关键零部件的厂家，也可能就是一个深度用户。与这些知识携带者进行交流，是产生创新想法的源泉，也是创新想法被验证或者商业化的必经之路。

由此可见，创新力源于很多聪明人的思想交流。因此，一个国家的创新力不仅取决于人口数量，还取决于其人口能力，以及内部交流量和外部交流量。人口能力是指人口中平均的个人能力，其中包括天分、教育、经验、精力、沟通能力和冒险能力等。内部交流量和外部交流量是指本国和国外交流的畅通性，涵盖信息、商品、资金等多种交流形式。一个比喻是，人类社会就像大脑，人就像神经元，神经元越多（好似人越多），神经元越活跃（好似个人能力越强），神经元之间的连接越多（好似内部和外部交流畅通），大脑就会越发达。

如果用一个公式表达就是：

创新力 = 人口数量 × 人口能力 ×（内部交流量 + 外部交流量）

以上公式是本书的核心理论框架之一。我将多次运用以上框架来解释人口、教育、内部和外部的开放程度，以及其他公共政策对于创新力的影响。

从创新力模型的公式可以推导出四个人口效应：

1. 人口数量→规模效应。
2. 人口能力→老龄化效应。
3. 内部交流量→聚集效应。
4. 外部交流量→流动效应。

首先，人口数量越多，创新力就越强，这就是我们常说的规模效应。人口多，一方面意味着市场大，另一方面也代表了人才更多。而且大国的初创企业由于能够更早实现量产，就更有机会在开拓本国市场取得成功后，迅速进入其他国家的市场。这种先发优势在互联网和人工智能领域尤为明显，因为实际上会有大量用户参与创新——因为他们的使用而让算法被不断优化。也就是说，用户越多，产品就越好用；或者说用户越多，产生的内容就越多。因此，当一个社交平台、搜索引擎或者人工智能算法在大国形成规模效应以后，可以把小国的初创企业远远抛在后面。这就能解释为什么如今世界上最有钱的网络平台公司，几乎都出自美国和中国这样的人口大国。相比之下，作为以前的制造业强国，日本和德国却鲜有这种级别的互联网巨头或者人工智能公司。

其次，公式中的人口能力涵盖教育、经验、年龄等维度。其中，创新能力和人口年龄有很大关系，一个老龄化社会的创新活力会大幅度下降，这是因为当庞大的中老年人占据了经济中的主导地位时，年轻人得不到足够的历练，也缺乏人脉和话语权，最终就会缺乏晋升机会，创新和创业的积极性就会受到打击。这很像20世纪90年代的日本，老龄化效应的结果就是，整个社会创业和创新的活力大打折扣。

最后，还要看内部交流量和外部交流量。内部交流量是指国内交流的强度，外部交流量是指国际交流的强度。内部交流量的提升可以通过培育人口聚集的大城市，实现所谓的"聚集效应"。外部交流量的提升则需要保持国际交流的开放，尤其重要的是保持人员交流的畅通，即所谓的流动效应。

有关这个模型的更多内容以及推导出的政策建议，将在后文详细介绍。

计划经济和市场经济

为什么计划经济往往会导致创新活动凋零呢？通常的观点是，计划经济缺乏对于产权的保护，创业成功的利益无法得到保证，进而导致了创业活动的缺失。这是一个不错的解释，但是不能解释即便同样是大型企业，市场经济中的大企业也要比计划经济中的大企业更具创新力。

因此，我从国家创新力模型的角度给出另一种解释。还是以前文说的人脑神经网络为例，一个创新的神经元脉冲会引发很多新的神经元连接，从而产生更多的脉冲和连接，周而复始。市场经济也提供了科技创新所需要的网络连接。因为一旦一个新产品问世，就会有无数竞争者试图模仿和超越，还有很多上游企业竞争成为供应商，下游企业也会从创新中获益并且得到启发，从而引发下游的创新。因此，在市场经济中，一个创新会在同行、上游、下游的相关企业中激发新一轮创新冲击波。这种冲击波可能带来整个行业的重组，有些企业迅速成长，有些企业则衰退甚至倒闭（这就是熊彼特所说的创造性破坏理论）[9]。以智能手机行业为例，当芯片、触摸屏和无线通信的技术发展到一定程度之后，史蒂夫·乔布斯首先创造了智能手机，后来智能手机行业快速成长，又反过来极大地促进了上游的芯片、通信和LED（发光二极管）的发展，也催生了巨大的移动互联网产业。这种持续孕育生成创新波浪所需的环境，就是市场经济中可以灵活重组连接的产业网络，这很像人脑可以随时重组的神经元网络。相比之下，在计划经济中，上下游的供货关系源于僵化的命令，缺乏潜在的竞争和重组能力，导致创新在计划经济中能够产生的冲击波弱很多。因此，市场经济中的动态网络结构，比计划经济上下层级结构更具有交流性，从而能够孕育出更强的创新。

计划经济的缺陷直到50年前才被经济学界逐步认识，因为如果不考虑创新力，传统的经济学理论并不能很好地预测计划经济的弊端。苏联经济凭借其国家资本的快速积累和庞大的人口，也曾偶尔出现创新力亮点，例如在太空探索领域。但是，僵化的计划经济体制导致其总体的创新力远远落后于西方国家。美国和日本等人口大国，在汽车、家电、半导体等领域的创新把苏联远远地抛在了后面。

当然计划经济的弊病现在已经是经济学界的共识，几乎所有国家都会采取市场经济，以及一些有利于创新的经济政策，如普及教育、产权保护、基础设施等。这里的国家创新力模型并不是说这些条件不重要，而是这些条件只是必要条件，在同等条件下，人口和交流才是创新力的关键要素。如果考虑到大多数国家会开放贸易，那么人口就成为创新力最关键的要素。

其实人口是创新力的关键要素从微观角度应该不难理解，一个组织和企业的创新力根本上取决于人才。另外，人口是创新力的关键要素，这是符合逻辑的，因为如果提高创新力仅仅靠产权保护、普及教育、基础设施建设等，那么这个世界上就会有很多发达国家，也不会存在所谓的中等收入陷阱。

根据创新力模型，最关键、最难的还是培育人口，或者培养很多高素质的人口。为什么难，难在何处？这是因为无论是提高生育率还是引进移民，都是一项综合工程，需要民生的各个方面来配合。例如，需要有高质量的教育，但学习负担不能太重；需要宜居的城市，但房价不能太贵；另外需要向家庭倾斜福利政策和其他方面的民生保障等，只有这样才能让家庭愿意生更多的孩子或者让高素质的外国人来移民。本书后面会对此提出一系列政策建议。

中国近代创新力落后的原因

有人会问，如果人口是创新力模型中的要素，为什么拥有世界上最多人口的中国，当初并没有成为类似西欧诸国或者美国那样的先进国家呢？这是因为，根据创新力模型，创新不仅需要大量的人口，还需要对内和对外交流的畅通。创新是互相碰撞和学习的过程，即使一个国家的人口再多，也需要与更大的外部世界进行贸易交流，才能站在创新的前沿。在600多年前的明朝，中国仍是世界上最先进的国家。在郑和下西洋的过程中，他们使用的航海技术比同时期的欧洲地区先进得多。但在此次航海活动之后不久，由于很多偶然性因素的影响，中国的统治者停止了所有的海洋探险活动，并且关闭沿海贸易，严重阻碍了对外的科技交流。

从地理上看，美洲离西欧更近，因此西欧国家能够早于中国发现新大陆，并将其经济贸易扩展到非洲、中东和印度，获取了比中国更为广大的市场。这就是工业革命和科技革命发生在欧洲而不是中国的主要原原因。同时期，近代中国虽然刚刚被迫开放，但却遭受了一系列的战争。新中国成立初期，实行了不利于创新的计划经济模式。因此，一直到改革开放之前，中国的创新能力仍然是落后的。

如果一个国家能够吸收世界上最先进的技术，依靠研究和开发推动进一步创新，同时政局稳定并且保持对外开放交流，那么庞大的人口规模就会成为创新和经济发展的优势，美国20世纪的经济史就展现了这种优势。

早在1850年，英国和德国就已经成为世界上的工业强国，而美国仍然是一个农业大国。不过，从那时起，美国开始学习和吸收西欧的技术，同时吸引了大批移民。不久之后，它的人口就超过了西欧各国，从一个欧洲技术的模仿者，迅速演变为一个技术创新的开拓者。众多发明家和企业家，例如托马斯·爱迪生和亨利·福特，引领了世界先进技术和商业组织的潮流。到20世纪初期，美国的人均收入水平赶上了西欧国家，成为世界上最大的经济体。在 1900 年之后，美国持续吸引大量移民，其经济规模远超其他任何一个国家。总而言之，利用人口规模方面的巨大优势，美国成为世界领先的创新者和超级经济大国。

在工业和信息时代，人口众多是创业与创新的重要优势。中国经济在过去 40 多年中的经验是另一个例子。以 1978 年的改革开放为起点，中国一旦打开了面向世界的大门，其巨大的市场就迅速吸引到大批外国投资。同时，大量高学历的劳动力能够迅速吸收先进技术，提高生产率。在过去的几十年中，中国的企业家创立了众多成功的本土企业，不仅在国内市场，而且在国际市场上与国际巨头展开竞争。例如，华为已经成为优秀的跨国公司。基于庞大的市场规模和众多的人口数量，中国不仅正在追赶世界先进技术，而且在创新领域也将大有作为。

令人惋惜的是，中国的人口优势正在迅速衰退，生育率已经不到更替生育率的 1/2，也未能吸引大批高素质移民，因此中国的人口优势正在以每代人减半的速度衰退，这将影响未来中国的创新能力。另外，大多数富裕国家也对低生育率问题有不同程度的困扰，尤其是东亚国家，如韩国和日本。全球的人口少子化和老龄化趋势，可能是未来创新力下降的最大隐患。下一章将详细介绍与人口有关的问题。

第三章

人口传承的背景与理论

地球上的生命发展史，就是一部基因创新和传承的历史。碳基生命最显著的特点就是多样性，碳是元素中有 4 个化学键连接的最小的元素，比起其他元素具有更多的连接可能性，更容易形成复杂的高分子。地球上第一个单细胞生物大概出现在 35 亿年前。大约在 20 亿年前，地球上第一次出现了多细胞生物，相比原先仅存在单细胞生物的局面，迈出了具有颠覆性的一大步。

到了 3.8 亿年前，地球上出现了现存最早的两性繁殖可考记录。两性繁殖是一种更有利于物种延续的繁殖方式，这是因为每一个子代的基因来自两个亲代的重新组合，通过丰富基因库来形成抵御自然界变化的能力，本质上就是通过基因重组的创新来提高生命的存活率，进而实现可持续的传承。

到了 2 亿多年前，也就是三叠纪晚期，犬齿兽演化出最早的一批哺乳类动物。相比当时统治地球的爬行动物，这批哺乳动物要弱小得多。6 000 多万年前，一颗巨型陨石的撞击，造成地球生态环境出现剧烈变化，包括恐龙在内的大型爬行动物灭绝，哺乳动物登上了基因传承舞台的中心。

最早的已知人类化石起源于非洲，生活在大约 400 万年前。

后来出现不同的部落并迁徙到非洲之外，遍布亚洲和欧洲。他们使用更先进的工具，可能已经掌握了火的使用。我们的祖先智人，大约于 30 万年前出现在非洲。大约 7 万年前，一部分智人离开非洲，迁徙到其他大陆。智人拥有显著增大的大脑，在提取、生产、加工和保存食物方面表现出卓越的创新能力。至于人类后来成为地球的主宰者，显然也离不开其远强于其他物种的创新和传承能力。

人口变迁史

人类的历史基本就是人口和创新同步增长的历史。关于全世界人口的历史变化，历来存在多种版本的推测与分析。我这里引用马西莫·利维-巴奇所著的《世界人口简史》中的结论，即旧石器时代的人口规模达到 100 万，新石器时代上升到 1 000 万，青铜时代则达到了一亿。[1] 暂且不讨论这些数据的精准程度，至少人们能对以下结论达成共识：整体而言，随着时间的推移，人口规模的扩张速度在不断加快。在旧石器时代，可能需要几万年才能实现人口规模翻倍增长。到了青铜时代，需要翻倍的时间会被缩短到几百年的量级。不同时期世界和中国人口变化示意如图 3.1 所示。

人口与创新和传承是互相促进的。最开始，在人口规模较小的背景下，即便偶然出现重要的创新成果，往往只能在小范围内进行传播，也未必能够实现隔代的传承，于是很难真正形成有利于人口规模增长的条件。直到人口规模达到一定程度并且形成聚集之后，各类创新才通过人际关系得到推广、实现传承。这种创新可能是某种高效的钻木取火技术,也可能是培育粮食种子的新方法。当这些个体灵感闪现的创新,被他人学习和被后人传承之后,就能够提升整个群体的能力,进而创造出能够养活更多人口的物质条件。在人口增多之后,参与创新和实现传承的主体规模也随之扩大,反过来又为创新和传承提供了更好的环境,同步推动人口规模和创新水平实现加速提升。

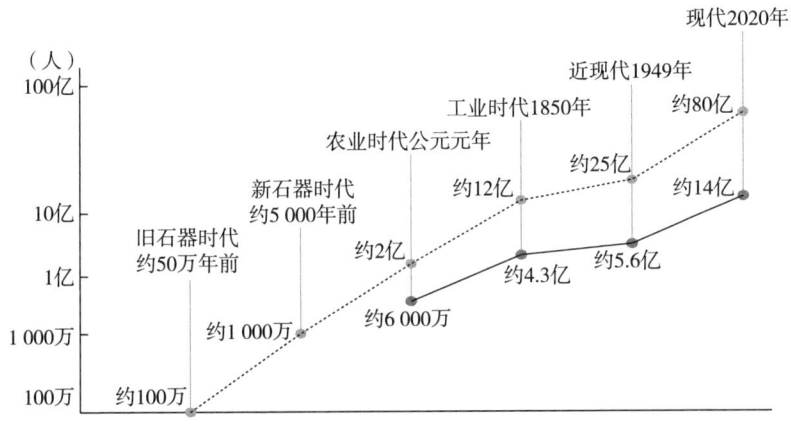

图 3.1 不同时期世界和中国人口变化示意

资料来源:葛剑雄,《中国人口史》[2];马西莫·利维-巴奇,《世界人口简史》;麦迪森,《世界经济千年史》[3];Kees Klein Goldewijk, Arthur Beusen, Jonathan Doelman, and Elke Stehfest[4];中国政府网;中国国家统计局;联合国。

中国人口的历史变迁也符合以上规律,比如随着科技和经济的发展,中国的人口总量呈现出逐步抬高的趋势。几个持续时间较长的朝代,其人口总量的峰值都比前一个朝代更高。唐朝的峰值比汉朝高 30%~50%,宋朝的峰值比唐朝高 20%~30%。宋朝的人口首次突破 1 亿,人口和 GDP 占世界人口和世界 GDP 的 30% 左右,这是中华文明发展的一个高峰。进入明清之后,尤其是清朝早期和中期,中国的人口总量稳步增长。

有趣的是，尽管古代君主未必能想通人口与创新之间的关系，但基于各类历史经验，他们大多认识到扩大人口规模对于提升国力的重要价值，并且愿意为此推出鼓励生育的政策。比如，越王勾践在卧薪尝胆的岁月中，为了让越国在国力上尽快超越吴国，推出了大幅度鼓励生育的政策，包括由官府出面为孕妇提供免费的接生服务，并对新生儿家庭直接提供物质奖励。越国最终能够对吴国成功复仇，人口政策所做出的贡献远远大于传说中的西施和郑旦。又如，汉高祖刘邦推出了"民产子，复勿事二岁"的政策，即生一个孩子就可以免除两年的赋税和徭役。这些帮助西汉迅速摆脱人口低谷期的措施，被后世赞颂为"仁政"并陆续加以仿效。

马尔萨斯理论

无论中外，古代的国家都曾在不同时期出台人口政策。但在人口理论研究方面却长期滞后，鲜有系统性的学术研究成果。因此，当托马斯·马尔萨斯的《人口原理》在1798年出版之后，引发了轰动效应，马尔萨斯理论也在很长一段时间内被奉为不容置疑的权威。[5]

马尔萨斯理论的主要论点可以表述为：

- 技术进步→经济发展→收入提高→生育率提高；
- 人口增长→人均土地下降→人均收入下降。

马尔萨斯认为，技术进步可以带来短暂的人均收入提高，但是收入提高的人很快会生育更多的孩子，人均土地会减少，农业生产率就会降低，从而抵消了原来的人均收入的增长。因此，技术进步的长期效果，只是增加人口，并不会带来人均收入的提高。

在马尔萨斯理论刚刚被提出的18世纪末，正值工业革命刚刚起步，因此，当时的人们在总结历史规律时，观察视角主要集中在农业社会。在这种时代背景下，人们发现马尔萨斯理论能够很好地解释历史上出现过的一些现象，从理论高度揭示了人类社会经济发展和人口增长的关系。毕竟，在工业革命之前，人类社会的经济以农业为主，生产技术进步缓慢，少量渐进式的改进确实会很快被人口增长的作用所抵消。因此，在人类工业革命之前的农业社会，人口缓慢增加，但是人均收入却几乎没有变化。可以说，马尔萨斯理论很好地概括了古代经济和人口发展的关系。按照他的观点，过多的人口只会减少人均土地的拥有量，是经济发展的拖累。

然而，马尔萨斯理论已经完全不适用于现代经济的发展规律。其中最重要的原因就是，这套理论忽略了创新对于现代社会的重要影响。站在今天的视角会发现，农业已经在现代经济中处于一个非常次要的地位。在发达国家中，农业所占的比重不到5%，如今在中国，农业所占的比重也不到12%。现代经济以工业和服务业为主，工业和服务业的技术创新速度比农业技术要快得多，远远超过了人口增长的速度。

至于马尔萨斯理论中人均土地减少导致生产率下降的逻辑，也已经不适用于现代经济的工业和服务业。当然，工业需要土地、原材料、能源以及其他资源。但是资源对工业的约束力，远远不如土地对农业生产的约束力。随着科技的发展，新的原材料和能源不断地被创造出来。200年前，人们造房子主要用木头，现在可以用钢、玻璃、水泥、塑料等，而且新的节能建材还在不断被发明出来。200年前，人类主要的能源是木头和煤炭，而现在已经开发出一系列新能源。一些清洁能源，如太阳能的成本已经接近化石能源。同时，在以互联网和电子商务为代表的现代服务业，更可以在几乎不用资源的情况下，大量复制相关产品和服务。因此，在工业和信息社会里，资源和能源已经不像土地在农业社会那样成为发展的硬约束。而且要解决像全球变暖这样的世界性问题，必须依靠技术进步和大规模的建设投入，这都需要国家有旺盛的生产力和创新能力，也就是要有充足的高素质年轻人口。

压倒马尔萨斯理论的最后一根稻草是，人类进入工业社会以后，并没有像马尔萨斯理论一样生育出更多的孩子。实际情况完全相反，所有国家，随着收入的提高，几乎无一例外地经历了生育率快速下降的过程，而且一旦达到中等发达水平（人均收入为4 000美元），生育率就会下降到更替水平之下，一旦达到10 000美元，很多国家的生育率甚至降到了不可持续的1.5以下。因此，当代的经济和人口学家，都认为马尔萨斯理论只适用于前工业化社会，或者是世界上少数几个最为贫穷的非洲国家。

现代人口增长规律

在工业革命之前，所有国家的人口发展都呈现出低增长率、高死亡率和高出生率的特点。农业社会的医疗水平落后，婴儿死亡率比较高，儿童成年之前的夭折率也比较高，父母需要生育尽可能多的孩子，以确保至少有一个孩子可以活到成年，所以妇女平均都会生五六个孩子，但养大成人的可能还不到一半。虽然生育率很高，但由于高死亡率，整体人口规模还是呈现出缓慢低增长的趋势。如果碰到战争或瘟疫，人口还会急剧减少。

在工业革命和技术革命完成以后的近200年中，世界经济规模的增长非常惊人，世界人均收入从几百美元增长到几千美元。随着财富的增多，吃饱穿暖已经不是问题。在维持高生育率的同时，死亡率大幅下降，于是人口快速增长。人口增长又反过来促进了科技创新和工业化，人类历史上出现了一段人口、科技和经济同时高速发展的时期。

但是到了20世纪，人们逐渐意识到，随着健康水平的提高和婴儿死亡率的降低，不再需要生育很多孩子来确保有子女活到成年。同时，方便高效的避孕工具开始普及，年轻人尤其是年轻女性的生活观念也发生了变化。于是出乎很多经济学家和社会学家的意料，生育率开始迅速下降。

然而，在婴儿死亡率下降和生育意愿下降之间，通常会有一代人的时间差。因此，当一个国家开始繁荣的时候，低婴儿死亡率和高生育率的叠加，就会形成一个人口爆炸阶段。过了几十年以后，生育率才会开始下降。即使此时的生育率低于更替水平，总人口往往还会继续增长一至两代的时间，这是因为人们的寿命比以前更长。在大多数中高收入国家中，虽然生育率已经低于更替水平，但总人口仍在缓慢增长。然而，只要生育率水平长期维持在更替水平以下，那么人口规模最终就会缩小。同时，随着新生儿数量的减少和平均寿命的延长，大多数国家的人口将迅速老龄化。

在一个国家完成工业化以后，上述人口特征转变的模式会非常典型。例如，在20世纪50年代和60年代，欧洲国家拥有很高的生育率，人口增长也十分迅速。然而，到了20世纪90年代，这些国家的生育率降到了更替水平以下。近几年，这些国家的人口少子化和老龄化程度进一步加剧。在俄罗斯以及东欧和南欧的很多国家，总和生育率已经降到了1.4以下，这就意味着0~4岁组的人口比例相比31~34岁组的人口比例少了30%。日本的情况更差，其生育率早在20世纪70年代就已经低于更替水平，最近只有1.3~1.4。日本是世界上第一个人口总量自然减少的大国。20世纪50—70年代，中国也出现过一个人口迅速增长的时代。然而，部分由于计划生育政策的影响，中国现在的生育率极低，在2022年降到了1.05。预计在今后几年，中国的人口将持续负增长。

随着工业化和城市化的进展，越来越多的国家正在经历生育率下降的过程。印度的生育率过去10年下降很快，现在已经略低于更替水平。少数例外出现在最不发达的那些国家（如尼日利亚），它们还没有全面进入工业化阶段。整体而言，当今世界上有超过一半的人口，都生活在生育率低于更替水平的国家中。

图3.2预测了世界人口的发展。目前世界的人口总数大约是80亿。然而，在接下来的几十年里，包括中国在内的许多国家将告别人口高峰期，世界人口将呈现下降趋势。印度人口在2023年已经超过中国，其生育率也已经略低于更替水平。根据联合国发布的《世界人口展望2022》的预测，印度人口峰值将出现在2064年，而世界人口将在2085年达到104亿左右的峰值，之后将会停止增长甚至下降。

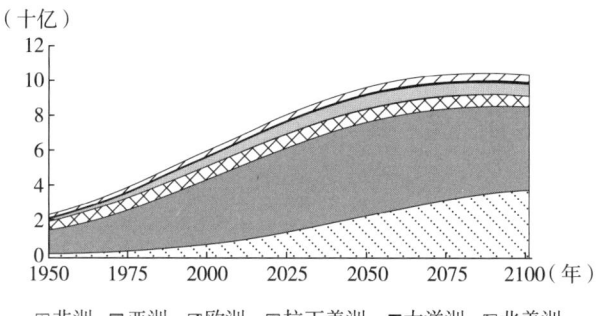

图 3.2　1950—2100 年世界主要地区的人口数量预测

资料来源：联合国，《世界人口展望 2022》。

人均收入与总和生育率之间的负相关关系，看起来相当紧密且普遍（见图 3.3）。随着一个国家人均收入的提高，生育率快速下降，几乎毫无例外。

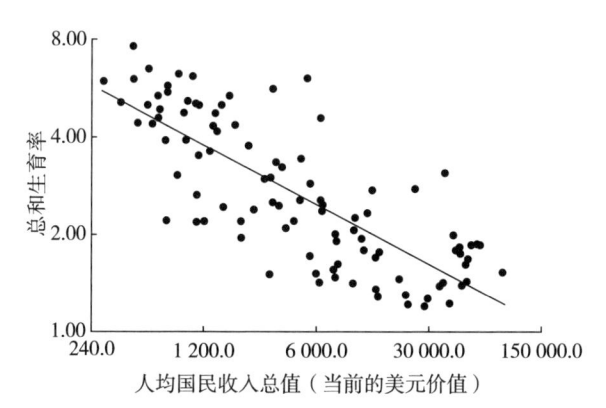

图 3.3　选定国家生育率与人均收入的关系

资料来源：美国人口调查局，世界银行。

前文提到，家庭规模下降的原因之一是婴儿死亡率的下降，另一个原因则是现代避孕措施的普及。这是中等收入国家生育率下降的两个主要因素。然而，在婴儿死亡率和获得避孕药具这两

第三章
人口传承的背景与理论　055

个方面，高收入国家和中等收入国家之间并没有太大的差别。因此，人们认为，当一个国家从中等收入国家发展到高收入国家的时候，其生育率应该会稳定下来。然而，令人惊讶的是，当中等收入国家发展成为高收入国家之后，其生育率通常会继续下降。

一些高收入国家（以及中国）的生育率水平低于 1.5，这是一个超低的水平。1.5 的生育率，意味着每一代人口数量都将比上一代减少 25%。超低生育率，在很多国家已经成为一个令人担忧的社会问题，涉及欧洲南部和东部的国家，以及日本、中国和韩国等东亚国家。

超低生育率的原因

首先，在高收入国家中，教育受到高度重视，教育的成本很高。因此，培养高学历后代的支出很大。根据《华尔街日报》2010 年的一份报告，在美国，抚养一个孩子到 18 岁的费用是 222 360 美元，是美国人均年收入的 4 倍[6]，而且这一数字还不包括大学学费。在富裕的亚洲国家，父母通常更加关心子女的教育问题，在教育上的开支甚至更高，因为父母通常不仅需要支付孩子的大学学费，而且要投入不菲的资金让孩子参加补习班，提高孩子考上名牌大学的概率。中国家长对补课的热衷程度远超欧美家长，根据育娲人口研究的报告，2021 年中国抚养孩子到 18 岁的成本接近 10 万美元，是人均收入的 6.9 倍，这一水平几乎是世界上最高的。[7] 这是中国现在出现超低生育率的重要原因。

其次，随着经济更多转向服务导向型和创新驱动型，女性的受教育程度和劳动力参与率都在稳步上升。在许多国家，女性的大学入学率与男性不相上下，甚至高于男性。在美国和英国，女性大学毕业生的人数几乎比男性高出40%。中国虽然仍是一个中等收入国家，但是女性大学毕业生的数量多于男性。此外，中国城市的女性劳动参与率为70%，在世界范围内也是比较高的。可以想见，女性在教育和事业发展方面投入的时间越长，用于养育子女或者投入在自己身上的时间就越少。当然，女性能够更多地参与创新并且实现职业生涯的成功是社会的巨大进步。而且女性独立和生育率的关系并不是完全矛盾的。如果一个国家提供了充足的生育福利，女性就有权力自由选择兼顾职业发展和家庭幸福。例如，北欧国家提供了包括幼托服务在内的完善的生育福利，这些国家相对于其他发达国家的女性地位和生育率都是最高的。

再次，在以农业为基础的经济体中，养老是养育子女的主要原因之一。在高收入国家中，老年人主要依靠自己的储蓄和公共养老金生活。尽管抚养孩子的费用越来越高，孩子对赡养父母却没有投入多少。因此，仅仅从财务的角度来看，在现代社会中养育孩子是赔钱的。当高收入国家能提供很好的养老福利时，人们往往会倾向于养育更少的孩子。

最后，现代城市给人们提供了许多娱乐休闲的生活方式，因此人们用来养育孩子的时间变得更少了。正因如此，城市中的年轻人不断地推迟结婚时间，晚婚已成为大势所趋。有些人选择不生孩子，甚至宁可过单身生活。另外，网络游戏和虚拟世界等让人上瘾的娱乐方式，严重影响了年轻人在现实世界中寻找伴侣的欲望。

对各国人口的预测

联合国和美国的人口调查机构以及世界银行都发表过各种人口预测。虽然各个机构的假定和预测数值各有不同，但对人口发展模式和趋势的预测结果则基本相似。联合国预测，世界人口虽然将继续增长，但相比于此前的几十年，增长率将会下降。10年前，世界人口以每年1.24%的速度不断增长。现在，世界人口的增长速度是每年1.18%，大约每年增长8 300万人。

大多数报告都预测，世界人口总数大约在21世纪末将达到100亿的峰值，此后就会逐步下降。以人口数量为指标的国家排名将发生变化。印度的人口已经超过中国，新出生人口数更是中国的两倍以上，未来的总人口将远远超过中国。未来世界的人口增长主要来自非洲和南亚国家，一些移民国家，如美国、加拿大、澳大利亚等仍将依靠移民保持人口增长。而世界其他国家，包括大多数中等收入和发达国家的人口都会不同程度地下降，尤其是低生育率的东亚国家，如韩国、日本、中国，则会成为绝对量和相对占比下降最快的国家。

发达国家

第二次世界大战以后，大多数发达国家都经历了一次人口快速增长的"婴儿潮"。然而，不久之后，生育率就开始下降。美国经历的"婴儿潮"，出生人口最多，持续时间也最长，从1945

年一直到 1965 年；欧洲的"婴儿潮"规模小于美国，时间也更短；而日本的"婴儿潮"时间最短，几乎战争结束后，就开始了生育率下降的进程。到了 1980 年，所有发达国家都进入人口增长缓慢的时期。近几年，个别发达国家——例如日本——的总人口规模已经开始下降。

当前在主要发达国家中，除了以色列，所有国家的生育率都低于 2.1 的更替水平。生育率最高的国家是法国、丹麦、美国、英国、澳大利亚，它们的生育率略低于更替水平。而亚洲国家如日本、韩国、新加坡，生育率远远低于更替水平。

表 3.1 显示了 2020 年主要发达国家的生育率。

表 3.1　2020 年主要发达国家的生育率

国家	生育率
法国	1.8
丹麦	1.7
美国	1.7
英国	1.6
澳大利亚	1.6
德国	1.5
加拿大	1.4
日本	1.3
意大利	1.2

资料来源：法国国家统计与经济研究所，丹麦统计局，美国疾病控制与预防中心，英国国家统计局，澳大利亚统计局，德国联邦统计局，加拿大统计局，日本厚生劳动省，意大利国家统计局。

大多数发达国家已经意识到低生育率对经济发展不利，并且采取了各种程度不同的鼓励生育政策。南欧和东亚的一些国家似乎陷入了超低生育率的陷阱。因此，它们的经济很有可能在不久的将来遭遇挫折。

东亚及东南亚文化圈国家和地区

东亚及东南亚文化圈中的国家，包括日本、韩国、中国以及新加坡。从古至今，这一文化圈主要推崇孔子哲学，使用汉语书面语。这一地区之所以出现超低生育率，可能是因为儒家重视教育的文化传统。畅销书作者"虎妈"蔡美儿是一位美籍华人，她以用中国传统方式抚养孩子而闻名。像她一样，有许多亚裔父母为了让孩子进入一流大学，不惜花费大量时间，这种育儿方式使他们没有足够的精力抚养多个孩子。因此，在美国少数族裔中，亚裔美国人的生育率最低。与之相似，东亚国家如韩国、日本和中国，国内的高考竞争十分激烈。生活在这些国家的父母，不仅需要花费很多精力辅导孩子的家庭作业，而且需要花很多钱让孩子参加补习班。数量众多的培训机构，在这些国家形成了庞大的产业。东亚父母似乎更关心孩子的质量而不是数量，由此出现了世界上最低的生育率。

2022年部分东亚及东南亚国家和地区的生育率如表3.2所示。

表3.2　2022年部分东亚及东南亚国家和地区的生育率

国家和地区	生育率
中国	1.1
中国台湾地区	0.9
中国香港地区	0.8
日本	1.3
新加坡	1.1
韩国	0.8

资料来源：中国国家统计局，中国台湾户政事务主管部门，中国香港特区政府统计处，日本厚生劳动省，新加坡统计局，韩国统计厅。

部分东亚及东南亚国家和地区与其他发达国家相比还有一个特点就是，非婚生育比例很低。在上述国家和地区中，非婚生子女仍然是社会禁忌。根据经济合作与发展组织的数据，2020年日本和韩国的非婚生子女占新生儿的比例只有2.4%~2.5%，欧盟国家非婚生子女占新生儿的比例平均是41.9%。在北欧国家和法国，非婚生子女的比例超过50%。在全球结婚率普遍迅速下降的情况下，这是低生育率的原因之一。

老龄化趋势

由于低生育率和高预期寿命两种因素的叠加影响，世界人口正在逐渐呈现老龄化的趋势。根据联合国发布的《世界人口展望2022》的数据，2022年全球人口年龄中位数为30.2岁，到2030年，预计全球人口年龄中位数将上升到31.9岁；到2050年，年龄中位数将上升到35.9岁，并将继续保持增长态势。到2050年，日本和韩国将是世界上老龄化最严重的国家，年龄中位数分别达到53.6岁和56.7岁。在欧洲一些超低生育率的国家，例如意大利和西班牙，年龄中位数将超过50岁，比2022年时增加了6~9岁。到2050年，中国人口的年龄中位数将达到50.7岁，比现在的平均年龄大12岁（见图3.4）。

"老年抚养比"这一概念，衡量了非劳动年龄人口中老年人口（65岁以上）与劳动年龄人口（15~64岁）之比，用来表明每100名劳动年龄人口要负担多少名老年人。按照育娲人口研究的预测报告，中国的老年抚养比在2050年将超过50%。随着老年抚养比的迅速上升，未来中国的养老体系将承受很大的压力。

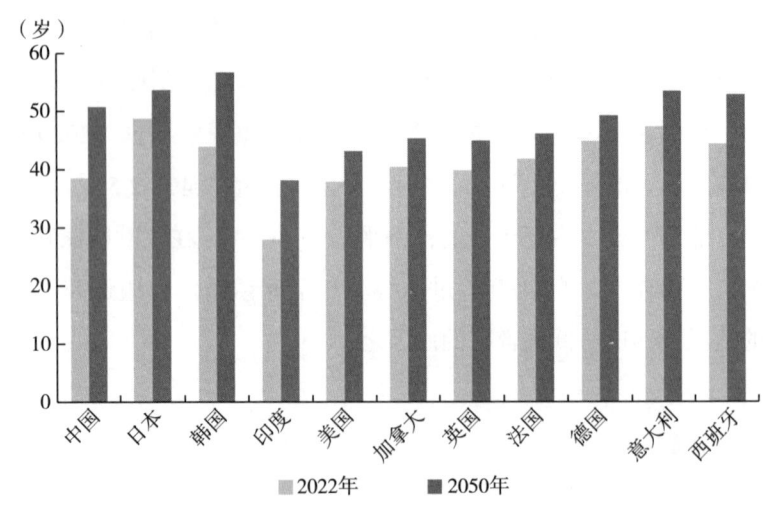

图 3.4　各国年龄中位数预测（2022—2050 年）

资料来源：联合国，《世界人口展望 2022》。

中国人口危机

1953 年，新中国进行了首次人口普查。普查结果显示，当年的人口有 5.8 亿。中国人口在 1960 年达到 6.6 亿，1970 年为 8.3 亿，1980 年为 9.9 亿，1990 年为 11.4 亿，2000 年为 12.7 亿，2010 年为 13.4 亿，2019 年达到 14 亿。

用这些数据对比世界人口就会发现，1950—2019 年，世界人口的增长速度比中国快。虽然 1950—2019 年中国人口从 5.5 亿增加到了 14 亿，增长了 1.5 倍，看起来增速很快，但同期的世界人口从 25.4 亿增加到 77 亿，增长了 2 倍多。

近 200 年来，中国人口占世界人口的比例不断下降。

1820 年，中国人口约 3.5 亿，世界人口约 10 亿，中国人口约占世界人口的 35%。

1900年，中国人口约4.3亿，世界人口约16亿，中国人口约占世界人口的27%。

1950年，中国人口约5.5亿，世界人口约25亿，中国人口约占世界人口的22%。

2019年，中国人口约14亿，世界人口约77亿，中国人口约占世界人口的18%。

1950—2022年中国出生人口情况如图3.5所示。

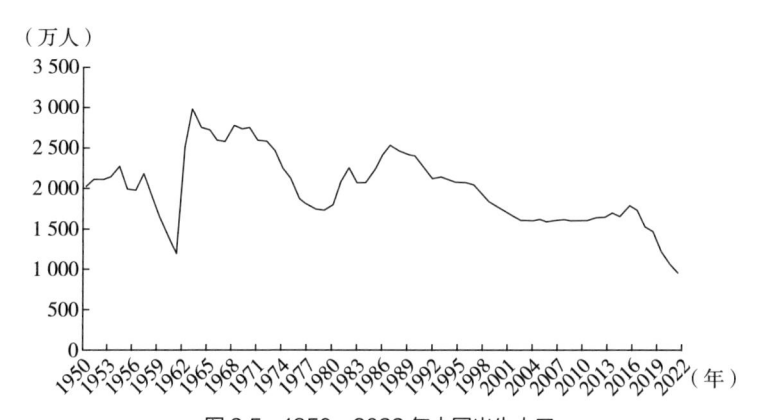

图3.5　1950—2022年中国出生人口

资料来源：国家统计局，育娲人口研究。

随着现代化、城市化和工业化的发展，中国的生育率也经历了迅速下降的过程。在推出计划生育的20世纪80年代之前，中国生育率已经降到了接近更替水平。2000年降到了1.5以下，出生人口也从20世纪80年代的每年2 000多万，降到了每年1 000多万。两孩政策放开后，新出生人口小幅反弹到了1 700万，但又快速下降到了2023年的902万。生育率也下降到了1.0，比日本还要低不少，几乎成为世界上生育率最低的国家（仅略高于韩国）。而且这还不是最低谷，中国的生育率未来可能继续下降。

除了实行限制生育的政策之外,还有多个原因使中国的生育率比其他国家低,主要原因有以下几点。第一,中国一线城市的住房收入比是世界上最高的,高房价严重压制了城市夫妇的生育意愿。第二,中国孩子的教育压力和成本高。第三,中国的生育福利政策落后于发达国家。

有关生育成本的具体分析和对策,将在下文展开讲述。通过分析,可以看出中国的生育成本几乎是世界上最高的。如果不解决这些问题,也不大力鼓励生育,中国的生育率会比其他国家低得多,甚至有一天中国的生育率会是世界最低的。

根据国家统计局的数据,中国2022年出生人口跌破1 000万,总人口进入负增长,然后持续下降。按照育娲人口研究2023版的低预测,到2030年、2050年、2100年,中国总人口分别为13.6亿、11.7亿、4.8亿,占世界人口的比例分别为16.0%、12.3%、4.8%。新出生人口还将继续下降,到2030年、2050年、2100年,分别为607万、493万、95万,占世界新出生人口的比例分别为4.7%、3.8%、0.89%。[8]

由此可见,中国的低生育率问题非常严峻,会对未来的中国社会产生负面影响,尤其会对创新力和综合国力造成削弱。

人工智能和劳动力市场

有人说未来人工智能和机器人将大量取代人的工作,所以不需要这么多的人口。这样的观点似是而非,因为从创新的角度看,人工智能的存在反而凸显了人口的重要性。近年来,最热门的词莫过于人工智能。自从深度神经网络出现以来，人工智能的发展速度超乎想象。ChatGPT（聊天机器人程序）的出现可以说是一个奇迹，超出了几乎所有计算机科学家的预料。一个简单的神经网络模型，一旦拥有了几百亿的连接，并且通过大量的机器学习，就能产生近似人类大脑的通用智能。虽然如今的人工智能技术有待完善，但足以证明人类大脑没有什么特殊性。人类通过机器模拟所有人类智能只是时间问题。未来的问题不是人工智能能够干什么，而是人类选择让人工智能干什么。

不过，在享受人工智能带来的创新红利之前，人们会担心另外一些问题：人工智能将取代哪些职业？是否会出现大量失业？哪些行业会受到正面或者负面的影响？人工智能将如何影响创新和教育？人工智能会如何影响收入分配？

在解答这些问题之前，我们先来看一个行业象限图。我们把一些代表性行业分成两个维度和四个象限。横坐标是行业的科技自动化程度，从左边"容易自动化"到右边"难以自动化"。容易自动化的行业会面临价格下降的困境，难以自动化的行业的价格相对稳定。纵坐标是需求层次的维度，从低的"物质需求"到高的"精神需求"。人的物质需求包括衣、食、住等行业，物质需求的行业到一定数量后会相对饱和，而精神需求的数量会随着人们有更多的时间和金钱而不断增长。

图3.6把不同行业分在四个象限。左下象限是容易自动化的物质需求行业，如汽车、服装和家电等，这部分的价格会下降，而需求数量会饱和，所以总体的行业规模和经济占比就会下降。左上象限是容易自动化的精神需求，如数字娱乐行业，这些需求的数量会增加，但是单价会下降，总体的行业规模会保持稳定。

右下象限是难以自动化的物质行业，如房地产，因为机器人还远不能胜任建筑工人的劳动，所以这个行业的价格稳定，但是房地产的物质需求也会饱和，所以总体规模和经济规模也会稳定。右上象限是难以自动化的精神需求行业，如教育和旅行。以旅行为例，人们如果有更多的闲暇和金钱，就必然在旅行方面有更多消费，所以酒店和飞机的价格还是会保持坚挺，旅行行业的规模和经济占比会不断提高。

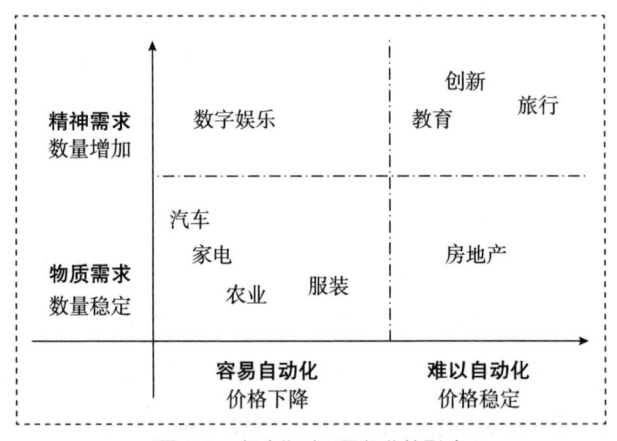

图 3.6 自动化对不同行业的影响

由此可以得出结论：有些行业会萎缩，如制造业；有些行业会稳定，如房地产业和数字娱乐业；有些行业如旅行业和教育业，会扩大并且吸收更多的劳动力。当然，从长远来看，百年以后教育和旅行说不定也能完全自动化。但有一项工作却可能永远只能由人类完成，这项工作就是创新。在图 3.6 中，创新之所以位于右上象限，是因为创新对人类而言是一种难以自动化的高级行为。创新并不是一个单一的行业，而是分布在各行各业的研发和创作活动中。

创新也是可以部分自动化的，人工智能可以帮忙自动做实验、记录数据和分析数据，或者用机器学习来提议可能成功的解决方案。比如，人工智能可以帮助人类搜寻和测试问题的解决方案（就像人工智能系统 AlphaFold），人工智能还可以辅助做一些艺术创作。但是一般来说，人类在提出问题和需求方面仍然占据主导地位。因为人类到底需要什么，从根本上还是要问自己。一些解决方案的选择，会牵涉人类特有的价值观和伦理道德判断。另外，从安全的角度考虑，人类也不会把创新完全交给人工智能来完成。因此，人类会继续把握创新的方向盘和最终决策权，在人工智能的帮助下完成创新（下文会详细论述人工智能技术和创新的关系）。

同时，创新能给人们带来成就感，满足好奇心，并使人们在探索过程中产生乐趣。而且，人工智能取代了一些简单重复的任务，使创新的工作更加有趣。因此，创新将成为一种高级的精神需求，会吸引更多的人从事这项工作。由此产生的结论是，人类创新活动的规模会继续增大，创新行业的经济占比和财富分配的重要性也会提升。

人们对人工智能最大的担心是导致失业问题，通过以上分析，我已经给出了答案：随着效率的提升，有些行业会萎缩，但另一些行业会蓬勃发展，这些行业是难以自动化且能够满足精神需求的行业，包括教育业、旅行业。因此，整个经济的就业构成会出现变化，并不会引发大量失业。当然，有些人会面临技能的升级和转行问题。从整体来看，社会的物质和精神水平会更加丰富，尤其是精神需求会得到更多的满足。

未来会有越来越多的工作岗位与创新有关，而人工智能和机器人只能起到辅助的作用。有人说，创新只需要少数天才而非大量人口就能实现，这种观点显然与历史趋势相悖。人类正在创新方面投入越来越多的资本和人力资源，而且人口越是密集的城市和地区，创新力越旺盛，这种趋势现在并没有放缓的迹象。将来会有更多的人具备参与某种形式的创新活动的能力和意愿，其中既包括高技能工作（例如人工智能编程），也包括低技能工作（例如游戏测试和电影评论）。

从长远来看，创新不仅能解决具体问题，更有利于对未知事物的探索。对更多食物和住房的需求很容易饱和，然而，人类总是有兴趣探索新的器具、新的故事、新的游戏，以及新的探索本身。只要人类保持探索世界的兴趣，就不会被机器人替代，也不会让机器人代替。反之，如果人类不再有探索的欲望，那么人类文明将开始衰落。

因此，未来创新活动非但不会被人工智能所替代，而且由于人工智能变得越来越重要，其会放大创新力在财富创造和分配中的主导作用。因此，无论对于个人、企业还是国家来说，创新力模型中的几个要素（人口规模、人口能力、对外和对内的交流）都会变得越来越重要，尤其是人口规模。人口快速萎缩和老龄化的国家将在未来的创新竞争中处于劣势，人们不仅会变得更贫穷，而且没有成就感。

人口政策和社会共识

虽然机器人和人工智能可以替代人类的很多工作，但是人类的创新活动仍将由人类完成。如果人类的低生育率持续下去，包括中国在内的大多数国家的人口,将以每代人口数量减半的速度急剧萎缩,人类的创新能力和抵御风险的能力将大打折扣。以太空移民为例,完成太空移民需要大量的人力和财力,可能只有中国和美国这样的人口大国才有能力完成。而太空移民对于人类长期传承而言是目前来看最彻底的解决方案之一(第九章将详细论述)。因此,保持一定的人口规模,对于人类种群发展至关重要。

有些自由经济学家认为,只要政府不介入,市场就会自然解决低生育率问题。作为一个经济学家,我在大多数情况下认可政府只需要让市场充分发挥作用,但市场机制在人口领域却可能失灵。因为不是所有人都会考虑后代的利益,很多人的目标只是把这辈子过好就满足了。人类历史上繁衍后代的欲望,源于基因里的男欢女爱,基于本能就会生育孩子。时至今日,传统的男欢女爱受到各种科技和娱乐方式的竞争,性爱过程也可以方便地采用避孕措施。虽然说大多数人也会本能地喜欢孩子,但是抚养孩子的代价越来越高,这种喜欢孩子的本能远远不足以使人类的平均生育率达到2的水平。

现在流行的"躺平"文化和"绝后"文化,就是这种代际利益错配的结果。虽然说创新的价值观会产生更高级和长久的快乐,而且大多数人也认同应该为人类长期繁荣做贡献,但落实到个体,大多数人还是主要考虑追求个人利益和当前的快乐。目前抚养孩子的成本主要由家庭承担,但是孩子未来可能做出的创新却主要是贡献给了社会。养育孩子成本高昂,而且大多数孩子可能并不出色,所以生育文化不会自动成为社会主流。

上述结论已经在数据上得到验证,几乎所有发达国家都经历过生育率的直线下降。如果没有鼓励生育的经济政策,几乎所有发达国家的生育率都会远远低于更替水平。在数学意义上，只要低于更替水平，种群最终就会走向灭绝。中国的问题尤其严重，如果按照现在的生育率，每代人减半，那么再过 1 000 年，中国人作为一个种群就会灭绝，更不必说引领世界的创新了。

因此，在人口政策方面，政府的作用不可或缺，只有大规模地调动社会资源，降低养育成本，才有可能逆转和提高生育率（本书将在第六章详细介绍鼓励生育的政策）。当然，全面生育福利需要巨大的财力投入，需要公共政策的相关改革，有些改革如教育改革难度很大。

这些政策的落实甚至需要考虑政治制度的改革。仅仅从当代人考虑，生育福利的本质是没有孩子的家庭来补贴有孩子的家庭，但是有孩子的家庭的确更能促进全社会的长远利益，所以应该让未成年孩子有平等的投票权，并由他们的父母代为行使投票权，这将是一种更加合理的制度。具体的实施方式可以是让每个孩子的联合监护人投半票，每个孩子的单独监护人投一票。现在的技术系统应该容易实行此方案。

政策的改革还需要整个社会达成创新主义价值观的共识——把创新和传承视为人类文明的更高目标。只有这样，整个社会才能下决心做出必要的公共政策调整，以牺牲部分短期利益为代价，来换取文明的延续和长期繁荣。

小　结

　　本章简述了中国和世界的人口历史，以及近年来几乎所有富裕国家，还有中国面临的超低生育率问题。未来的智能社会中，创新力的重要性将日益凸显。人口是创新力的基础要素，很多富裕国家以及中国正面临着严重的低生育率危机，所以必须尽快推出包括生育奖励在内的一系列生育友好型人口政策。但是这些人口政策都需要当代人牺牲一些短期利益，这是为了后代的创新能力和幸福，所以需要强调创新和传承是人类超越当代的意义和使命。下一章将详细分析创新和传承的生命意义。

第四章

创新主义的特性与价值观

本章将讲述创新和传承作为生命意义的特性。生命的意义是一个古老的哲学命题，也是每个人都会思考的问题。我针对生命的意义做过一个问卷调查，常见的答案包括以下几种：享乐和名利、美德和贡献、亲情和爱情、知识和创造、自我实现等。这些对于人生意义的追求都无可厚非，历史上也各自被不同的哲学流派所认可。但是本书的观点是，创新和传承作为生命的意义，还具备一些独特的优点。创新和传承不仅可以带来高层次的满足感，也更充实和科学，而且具有包容性和可持续性。

本能和人类起源

创新和传承是人类与生俱来的本能，早已深刻在基因里。个体的传承——生育孩子——是来自进化论的本能。人类的很多美好情感来自生命的延续，我们赞美的爱情、母爱、父爱等利他行为，都与个体传承的本能有关。有证据表明，女性和男性的择偶标准都符合进化论中后代繁衍最大化的目标。男性喜欢丰乳肥臀或者身材匀称的女性，显然这样的女性预示着健康和更好的生育能力。女性喜欢有责任感、资源多的男性,这种男性除了可以提供更好的基因之外,还有利于为子女提供更好的生存资源。当然,现代女性已非常独立,很多女性有能力独立抚养后代。

除了爱情,人类对于自己孩子的喜爱也是与生俱来的。人们总觉得自己的孩子最可爱,哪怕在外人看来他们普普通通。父母可以毫无保留地为孩子付出,甚至愿意为了孩子牺牲自己的生命。但这种个体传承的本能,正面临现代生活方式的挑战。现代"虎妈"式育儿的巨大成本正在弱化繁衍的本能,于是更多的年轻人选择"躺平"而不生儿育女。

人类对于传承的本能并不限于基因的传承,也存在其他方式的传承。心理学家厄内斯特·贝克尔提出了"恐怖管理理论",探讨人们如何应对死亡焦虑的心理机制。[1]人的文化信仰系统(包括宗教、国家、价值观等),提供了应对这种恐惧的方法,因为它们给人们提供了一种意义,以及一种相信生命延续的方式,认为死后会有一些永恒的东西传承下去。而在中国传统的儒家文化中,关于立德、立功、立言的追求则更加具体,其中占据最高境界的立言,实质上就是思想的传承。

除了传承的本能之外,人类还具备很多超越其他生物的本能。根据最新的基因证据,人类的祖先智人起源于几百万年前的非洲热带草原,智人长期处于狩猎采集生活状态。至于可以被称为人类文明的历史,迄今为止还不到1万年。

究竟智人具有哪些超越动物的本能,使其能在众多生物中脱颖而出,成为唯一的智能生命呢?这个问题在学术上还存在争议。一种说法是,人类和大多数动物的区别在于,人类是一种高度社会化的群居动物,群体合作汇聚了集体的力量,从而逐步超越了其他动物。这种说法的问题在于,很多其他动物也是群居的,比如狼、大象、大雁、海豚也是社交动物。还有一种说法是,智人会制造工具。但是似乎有些动物也会制造工具。还有人说,智人有更发达的大脑。但是发达的大脑可能是某个更加本原的起因所导致的结果,而且很多动物比如大象、海豚和猩猩的大脑似乎和人类一样发达。

更有说服力的说法是,直立行走和语言是智能的本原起因。因为人和动物的本质区别是创新,而直立行走和语言都与创新和传承有关。直立的好处是可以把手空出来制造简单的工具——最原始的创新。在狩猎采集时代,狩猎和储存的工具就是最重要的创新,这些都需要复杂的手部劳动。

把手腾出来制造工具,并不一定需要直立行走。虽然很多动物不能直立行走,但是坐着也能把前掌腾出来。直立行走更重要的作用是,智人不仅可以直立把手腾出来,而且可以直立行走——用手拿着工具或武器移动。似乎自然界只有人类能够直立行走,有些动物如熊和猴子也能站起来,但无法像人一样长时间直立行走和奔跑。人类只靠两条腿,虽然速度不快,但却是最擅长远距离奔跑的动物之一。智能产生的必要条件之一,就是要拥有广阔的视野和复杂多样的生活环境,长距离迁徙能力对于创新来说非常重要。早期智人生活在广阔的非洲草原,可以大范围地迁徙,从而具备更加丰富的食物来源和适应不同环境的能力。

从创新和传承的角度看,直立行走还有一个通常被忽略的好处,那就是在迁徙的时候,可以用手携带工具和财产,而工具和财产是创新的载体。因此,能够携带工具和财产,为创新的传承提供了保障。试想,如果我们的祖先没有大范围迁徙的能力或者不能携带工具迁徙，那么其创新和传承的能力就会大打折扣。

另外，人类语言的发达程度在动物界独一无二，这也是智能起源的本因。语言有很多作用，其中最重要的就是有利于创新和传承。一项个体原本出于偶然因素所获取的技能和知识，可以通过语言传播、推广到整个群体，并且在后世得到传承。尤其是文字出现以后，便成为知识传承的最重要途径，印刷术则进一步强化了这种传播和传承的功能，大大提升了人类创新和传承的速度。

人类还有一个独有的特征和学习语言有关，那就是人类的婴儿相对于其他动物来说弱小无助，需要得到多年的养育。这在表面上似乎是一个物种劣势，但换个角度来思考，恰恰也有利于人类充分掌握完备的语言能力。因为学习语言需要较长的时间周期，而且是一项在娘胎内无法得到提升的技能，所以相比那些出生不久之后就能独立随父母迁徙的动物，人类从幼时开始就拥有充分的学习语言能力的时间，进而获得所有动物中最强大的语言听说能力，而这又为人类的创新和传承打下了坚实的基础。

当然，关于智能起源的原因，目前在学术界依然众说纷纭，本书更支持智能起源于直立行走和语言。根据化石证据的推测，语言很可能发生在直立行走之后，所以直立行走很可能是智能产生的最根本原因。这些结论并非本书独创，本书的新颖之处在于，从创新和传承的视角来解释直立行走和语言的作用。

如果继续使用创新和传承的视角，还可以解释为什么人类的起源发生在热带草原，也可以解释为什么海洋生物和鸟类没有进化出智能。这是因为直立行走可以让人类在非洲的草原上实现大范围迁徙，从而有机会体验复杂的环境，为孕育智能提供外部条件。这个角度可以解释为什么没有迁徙条件的植物无法进化出智能，也可以解释为什么妨碍长距离迁徙的茂密森林无法孕育智能，只有适合迁徙的热带草原才有条件率先进化出智能。

鸟类虽然也能大范围迁徙，但由于受到重力的限制，鸟类在迁徙过程中显然无法携带很重的复杂工具。试想，即使历史上曾有某只天才鸟儿创造出了伟大的工具，它也无法完成传承尤其是代际传承。至于海洋动物，比如海豚，虽然有和人类几乎一样聪明的大脑，但海水所具有的腐蚀性，也排除了复杂工具被长期保存传承的可能性。因此，哪怕鸟类和海豚的迁徙能力与大脑能力不输智人，但由于天空和海洋不具备制造工具和运输工具的条件，也就不具备创新和传承的条件，导致这些物种在培育智能方面远不及热带草原上的智人。

综上所述，智人超越动物的本原来自其创新和传承的能力。可以说，这种创新和传承的能力，并不只是现代社会或者人类几千年文明史的产物，而是早在几百万年前甚至更久远的过去，从智能起源时就已经刻入基因，可以称得上是一种本能。正是因为具备这种本能，智人才得以从动物界脱颖而出，最后繁衍出你我来一起探究生命的意义等问题。

心理学研究证实了人类天生具有好奇心和探索欲。著名认知和发展心理学家皮亚杰研究发现，好奇心和探索对于学习与理解世界至关重要。[2] 心理学家姜敏郑等人探讨了新奇感如何激活大脑的奖赏机制，即产生多巴胺。[3] 还有研究表明，好奇心强的人更加聪明。好奇心在学习效率和学术绩效方面的促进作用，与智商、勤奋等要素同等重要。[4]

人们对艺术的喜爱，在很大程度上是基于新奇感或者说是否有趣。尤其是当照相机出现以后，艺术家的追求不再只是记录真实的世界，而是创造性地表述。文学家也不满足于记录真实的世界，而是创造有趣的故事，反乌托邦小说、魔幻小说和科幻小说深受大众喜爱。相对于听音乐、看视频等被动形式，数字娱乐产品更是创造出虚拟的新奇体验，可以让观众参与表演和创作，所以更具快感。

旅行就是一种参与感很强的新奇娱乐方式。旅行一般有两种目的：一种是追寻新奇体验的新奇型旅行，另一种是追寻放松体验的放松型旅行。放松型旅行的特点是可以每次寻求相同的体验，新奇型旅行则要求每次寻求不同的体验。当然，一般的旅行目的地往往兼有两种属性，但整体而言，更多的人还是会侧重于寻求新奇体验，因为人们往往每次会选择不同的目的地。也许只有当平时的工作很紧张时，人们才会倾向于选择放松型旅行，否则还是更喜欢新奇型旅行。未来，随着生活水平的提高，以及工作强度的降低，更具增长性的新奇型旅行还有很大的创新可能和增长空间，比如近年来，音乐节、戏剧节、滑雪和潜水等主题的新奇型旅行业态就出现了快速增长。

我的创新之路

我是特别喜欢新奇的人，年轻时特别喜欢旅行和极限运动。早在20世纪80年代，我在读中学和大学时就经常和同学结伴穷游。大学毕业后，我在硅谷的甲骨文公司总部做了一名程序员，手里有了些钱就开车游遍了美国西部，还参加了滑翔伞等冒险运动。

在甲骨文工作几年后，我升任开发部门的技术主管，但还是觉得缺乏挑战，就主动申请去了咨询部门，希望更加接近客户和市场。后来听说中国的经济正在蓬勃发展，就主动要求调到了甲骨文公司的中国总部，担任咨询服务部门的领导。但是做了两年以后，又觉得缺乏挑战。虽然作为总部调来的外派人员，工资待遇优厚，但我还是按捺不住创业的冲动，就放弃了甲骨文的工作，和几个朋友一起创办了携程。

经过几年的发展之后，携程成为中国最成功的互联网公司之一。在2003年，携程成功在美国上市，市场份额稳居第一，公司的发展也进入了稳定期。此时，我又觉得缺乏挑战和成就，就辞去携程CEO的职位，前往斯坦福大学攻读经济学博士学位。其实，经济学博士的门槛很高，对于我这样离开学校多年的中年人来说，还要补很多基础的数学功课。我重新回到学生的生活，每天听课、做作业、参与资格考试、撰写论文，过程虽然很辛苦，但我一点都不觉得累，因为每天都充满了体验新知识和新课题的新奇感。

毕业后，我去北京大学光华管理学院任教，研究人口和创新。我在兼顾公司管理工作的同时，还要教课、写论文，的确很辛苦，但是探索这些前沿的课题研究非常有成就感和使命感，尤其是中国人口问题是一个影响深远的课题。虽然在追求学术的过程中，个人和公司也遭遇了不少挫折，但回

> 头看仍然感到这些都非常值得。因为追求学术的过程就像二次创业，不仅是一次新奇的体验，而且非常有成就感，因为我为中国的人口问题贡献了一些独特的研究成果和政策建议。

高层次的满足感

在不同的生命意义的追求之间，是否存在着高低之分？为了找到一个相对客观的衡量标准，我们不妨借鉴经典的马斯洛需求层次理论。

马斯洛的需求层次结构包括以下五层：

1. 生理需求。这是人类生存所必需的最基本的需求，例如空气、水、食物、住所、睡眠和基本的生理功能。如果没有满足这些需求，个体的基本功能将受到严重影响。
2. 安全需求。一旦满足了生理需求，个体会寻求安全感和保障，包括个人安全、财务安全、健康以及免受伤害或危险的保护。
3. 爱与归属需求。一旦满足了安全需求，人们会寻求社会联系和人际关系，这一层次涉及渴望爱情、友谊、家庭以及在社区或社会群体中获得归属感。
4. 尊重需求。一旦满足了归属需求，个体会寻求自尊和认可，包括自尊与受他人尊重和珍视的渴望。尊重需求有两个方面：自尊的需求（对自己好），以及他人尊重的需求（来自他人的认可和尊重）。

5. 自我实现需求。金字塔的顶端是自我实现，代表着实现自身潜能和追求个人成长的欲望。自我实现的个体受到追求个人满足和创新、道德、知识追求的驱动。

这五种需求之所以有高低之分，是因为只有在较低层次的需求得到相对满足时，才会去追求较高层次的需求。高层次的需求比较难以实现，但也不会饱和。

我把几种常见的人生意义和这五个层次的需求做一个对应：享乐和名利可以对应马斯洛的第一层、第二层、第四层需求，因为享乐可以认为是扩大的生理和安全需求（第一层、第二层）。财富和地位除了有助于享乐之外，也可以得到别人的尊重（第四层）。亲情和爱情显然对应马斯洛的第三层需求。贡献和美德既是自我实现，也是为了得到社会的认可，对应第四层或第五层需求。认知和创新则是第五层需求。

创新和传承是第五层需求自我实现的一种方式，所以相对于名利和享乐，亲情和爱情更加高级。这一点应当不难理解，一个人在物质享受达到一定水平之后就趋于满足，会更侧重于追求精神享受。更进一步思考，亲情和爱情固然重要，但是对于很多人来说，只有亲情和爱情依然不够。当名利或者享受得到满足以后，如果没有更高层次的追求就会觉得空虚，与此形成对比的是，更高层次的自我实现的需求似乎永无止境。

在马斯洛的理论体系中，最高层次的自我实现是一个涵盖范围比较广的概念，可以进一步细分为认知提升、欣赏美、挑战和成就、超越自我。这几项都可以对应到创新：创新需要广泛学习，即所谓站在巨人的肩膀上。对于宇宙规律的学习和探索充满着美感，顶级的科学家如爱因斯坦都会赞叹宇宙的美，艺术家更是以追求美为目标。此外，创新能带来挑战和成就感，在学习和欣赏美之外，还要不断探索创造新的知识和美。探索过程中可能经历无数次失败，也不一定能够带来财富和名利，但这个过程可以带来更难和更高级的自我实现的成就感。最后，创新还是超越自我和时空的追求，目的是人类社会的长期繁荣。

一般来说，低层次的需求相对比较容易满足，缺点则是很容易饱和，一旦达到就会感到无趣和空虚。更高层次的需求则带来更持续的快乐，尤其是创新，可能会有无止境的可能性和乐趣。举个例子，有些游戏一开始很容易让人上瘾，玩的时候也很投入和兴奋，但停下来就会觉得空虚甚至后悔。另一些游戏则具有一定的创造性，比如《我的世界》，这款游戏玩起来有点挑战性，但最后很有成就感。创新会带来高层次和更加持久的快乐，所以在自我实现的高层次需求中，创新和传承可能是最高级的意义追求，高于名利、享乐、爱情和亲情追求，也高于认知和学习。

当然，创新是一种最高级的追求，也是难度最大的，在历史上只有极少数科学家和艺术家才能实现。这就是历史上的哲学家并没有把创新作为生命的意义来讨论的原因之一。即便是古希腊和中国先贤所提倡的美德等人生意义，也只有少数人能实现。在当今的创新型社会，越来越多的人直接或间接从事与创新有关的工作，所以即便创新是最难的一种自我追求，也具有很强的普适性。如果加上繁衍传承的意义，其就变得更具普遍性。

充实性

有人可能会说,在马斯洛自我实现的几种追求中,贡献和美德不是也同样高级吗?贡献和美德的确是高级的追求,也可能永无止境。但是贡献和美德的定义不够清晰。比如有人追求贡献,即致力于创建更美好的社会,问题是:什么才是更美好的社会?美德的定义也比较主观,比如到底是指注重传统家庭,还是移风易俗?这些问题都比较难回答,但如果把创新和传承作为目标补充进来,答案就会很明晰。创新和传承就是追求人类文明的长期繁荣。如果以此为目标,就会对如何取舍有一定的指导,比如注重环保就是考虑到有利于后代的生存。在对待家庭和爱情方面,可以用宽容心对待不同形态的家庭,但没有后代就无法实现传承。相比美德和贡献,追求创新和传承更加充实和明晰。

相对于看似具体的享乐追求,创新和传承也做了更加具体的补充,因为享乐的方式有很多,例如旅行、体育、阅读、音乐、游戏等。哪些享乐更健康,对哪些该有所节制?以创新和传承为尺度,就可以做出一些评判。如果以创新为目的,那么旅行和阅读对人更有启发性,所以其优于游戏和赌博。当然,游戏和元宇宙也可能有趣、有启发性,不过虚拟世界和现实世界相比,复杂性和趣味性还是弱一些。(有关探索虚拟世界能不能或者该不该替代探索现实世界,第九章还会展开论述。)

相对于亲情和爱情,如果从基因的传承角度,则其意义更加具体,也就是养育孩子。由此,组织家庭和养育孩子上升到了创新和传承的高度，成为一种自我实现，而且是比其他需求更有成就感的一种自我实现。当然，对很多个人来说，由于财力和精力的限制，养育孩子的需求可能和享乐等其他需求冲突。因此，政府还是必须提供足够的生育福利支持，才能让更多的人实现传承的意义。

创新和传承的目标，也为如何管理一些有争议的新技术提供了指导。比如，对于平衡经济发展和环保，解决人类面临的气候变暖问题，不能只考虑当代人的经济利益，而是要强调人类文明长期传承和繁荣的使命。还有其他的科技伦理问题，比如，人类是否应该让人工智能取代所有工作岗位？如何处理长寿和基因技术的伦理问题？如何防止年轻人过度沉迷于元宇宙技术？这些问题都是牵涉价值观的哲学问题。如果以创新和传承作为准绳，就可以得到相对确定的答案。（有关高科技伦理的话题将在第九章展开论述。）

科学性

上文提及，科技创新需要用科学的方法，即通过理论和逻辑精确量化预测客观现实，并且通过实验和观察不断修正理论。从创新的角度来说，只有科学方法才可以将创新传播出去并传承下去。科学方法强调量化的理论和实验观察，这样的理论和实验才可能被验证，在重现和继承后做进一步的创新。反之，如果基于非科学的方法，例如只是基于个人的感受或者模糊的描述，就无法得到传承和优化。因此，创新主义的价值观也应该注重逻辑和实验（或者可以说是理论和实践相结合）。

注重逻辑和实验，有助于发现问题的本质，需要盘根问底地多问几个"为什么"。有时需要大胆假设，但也要通过数据来验证。比如，要是牛顿仅仅满足于行星围绕太阳转的事实，而不再追问为什么，就不会发现万有引力。如果我们仅仅满足于市场经济好于计划经济的事实，而不去探究为什么，就可能错过重要的创新规律。

发现问题本质的重要途径，是发现两个变量之间的因果关系，而不是仅仅满足于其相关性。继续拿计划经济和市场经济举例，如果经济制度是自变量 X，经济增长是因变量 Y，我们很容易观察到两者的相关性，即历史上实行计划经济的国家的经济表现不如实行市场经济的国家。但这只是相关性，而不是因果性。如果是"另有原因"，即第三个变量 Z 同时导致了 X 和 Y，那么 X 和 Y 只是相关性而没有因果关系。比如，教育水平低下同时导致了实行计划经济和经济表现差，那么计划经济制度和经济表现差就不是因果关系，而只是相关关系。为什么因果关系这么重要呢？因为只有论证了因果关系，才能对政策的选择有指导意义。比如，计划经济和经济表现差是因果关系，政策上就应该放弃计划经济。反之，如果是教育水平低导致了计划经济和经济表现差，那么政策上首先应该提高教育水平。

一般来说，仅靠观察数据很难区分因果关系和相关关系，因为前文的例子中的"另有原因"可能有无穷多的可能性，教育水平低下只是其中一种可能。仅靠观察数据，我们无法排除所有可能的"另有原因"，要论证因果关系还需要做实验（或者准实验）。因此，科学的方法特别注重实验，创新主义的理念也需要注重实验。

下面给出因果关系的实验定义，再用一个例子说明因果关系和实验的关系。

因果关系在哲学上缺乏明确定义。从创新主义的观点来说，要定义因果关系，首先，要否定哲学上的决定论，即承认世界存在不确定性或者随机事件。其次，我用随机实验来定义因果关系。

X 是 Y 的因的定义是，如果随机地去变化 X，则 Y 会随之变化。

这个定义的逻辑是，因为是随机变化的 X，所以从统计意义上看，其他外部变量都是一样的，也就排除了"另有原因"的可能性。

因果关系和实验的小故事

下面讲一个小故事。有人买了一辆新车，每天下班后会开车去一个新开的饮料店买饮料。他发现一个奇怪的现象，每次如果他买的饮料是冰霜，车就启动不起来，如果买了果汁，车的启动就没问题。他觉得诧异，找汽车公司投诉车的蹊跷问题。

假设你是汽车公司的调查员，首先你要做到不信邪，而且要有盘根问底的精神，还要懂一点创新主义的哲学。不妨先用前面的定义来验证 A（饮料的不同）是否因果导致了 B（发动机启动与否）。可以用随机实验，也就是你抛一枚硬币，来决定是买冰霜还是果汁，然后观察发动机能否启动。这样做立刻就能分辨出两者是否存在因果关系。弄清楚是否存在因果关系，就可以进一步盘根问底找到根源。

如果不存在因果关系，即硬币的正反和发动机启动与否无关，那么一种解释就是天气变化。以往客人每次遇到天气热、温度高时，就会吃冰霜解暑，而发动机在高温天气下启动不了。但是现在做实验时，是看硬币而不是看天气，所以这种相关性就消失了。反之，如果实验发现存在因果关系，即由硬币的正反决定饮料的选择，仍然能决定发动机是否启动，那么对此的一种解释是，冰霜的制作过程长一些，如果抛硬币选择了制作冰霜，那么发动机在经历更长时间的等待之后就启动不了。由此可见，用随机实验的方式就可以区分以上两种解释到底哪种才是正确答案。

如果要进一步证明因果关系，还可以进一步做实验。例如，如果要验证等待时长的假设，就可以随机改变等待的时长，来观察发动机启动与否。如果要验证天气的假设，假设天气本身就是随机的，那么只要观察在不同天气情况下的发动机状况，就可以验证因果关系。

这个故事告诉我们，需要用随机实验来发现和验证因果关系的重要性。有些情况下做不到随机实验，比如国家的经济政策，但可以利用自然发生的一些准随机事件。例如，天气和地理条件可以被认为是随机的，有时可以用来验证因果关系。比如有一些其他条件接近的国家，由于一些偶然因素而实行了不同的经济政策，就可以在一定程度上证明因果关系。

> 随机实验的真谛，在于人为地创造了一些不同的随机组合，不仅可以消除"另有原因"的干扰，也可以利用这些创新的组合条件发现一些意外的规律。有时候发明者是无意的，甚至是犯了一个错误，但是相当于创造了一组新的实验。一个经典的例子就是橡胶的发现，查尔斯·古德伊尔意外地滴了硫黄在橡胶里，于是发现了现代橡胶的工艺。
>
> 创新主义提倡科学的精确量化和严谨的逻辑推理，同时也强调实验和观察的重要性。实验的创新和理论创新同样重要，随机可以被认为是一种创新，随机实验背后的理念，就是要抱着开放的态度去尝试新的组合条件。在日常生活中，也可以利用随机实验来增加新鲜感，比如通过抛硬币来选择餐厅，或者随机选择一些旅行目的地，甚至随机地去和一些人交流。这不仅有创新的可能性，也可以增加生活的乐趣。

包容性

价值观或者行为准则需要经过包容性测试，即如果世界上所有人都遵循这个价值观，会不会导致不好的结果。比如，如果每个学生的追求都是考入清华或北大，听起来也没有什么问题，但是清华和北大的录取名额有限，决定了这是一场零和游戏。因此，如果每个人都把这当作唯一的追求，那么势必会引起无效竞争或"内卷"，最后会导致全输的局面，所以考入清华或北大不能作为一个普遍包容的追求和价值观。

同样的逻辑，如果每个人都追求获取最多的土地，那也是无意义的。因为土地的总量有限（除非到太空去），所以这又是一个零和游戏。注意，这里提到的是土地而非财富，如果把问题中的土地换成财富，也就是把问题转化为追求财富最大化是不是一个普遍包容的价值，这就要看追求财富最大化是否也是零和游戏。

在农业社会，财富主要来自土地，财富总量可以说是有限的，追求财富最大化在很大程度上就是零和游戏。因此，在农业社会，不会把追求财富作为生命的意义或是美德来看待。基督教甚至说富人不能上天堂，中国在传统道德领域往往也鄙视商人。但是到了工业时代，财富不再只立足于土地，而是来自资本和创新。如果忽视了创新，仅仅看资本似乎依然总体有限，所以追求财富似乎还是零和游戏。但是财富的创造，不仅要考虑资本，还要考虑创新，这就把零和游戏变成了正和游戏。到了信息时代和智能时代，创新已经成为最主要的创造财富的手段。

而创新是正和游戏，成功的创新不仅让创新者获益，也会让更多的使用者获益，所以是把财富的饼做大了。更重要的是，创新还具有传承作用，会持续引发相关的其他创新。创新虽然有时是秘密进行的，或者有一定期限的专利保护，但是几十年后，成功的创新一定会成为公开的知识，并且成为启发后续创新的"踏脚石"，从而促进整个行业和经济的发展。

以创新和传承作为追求的普遍包容性，还可以从个人推广到种群甚至国家。如果每个国家都去追求霸权或者土地，那是典型的零和游戏，可能导致冲突和战争。与之相反，如果每个国家都追求创新和传承，就会形成正和游戏。

本书前文讲过，创新和传承的另一层含义是养育孩子。如果把孩子看作零和游戏中的资源争夺者，那么养育孩子的追求就不具备普遍包容性。但是如果把孩子看作未来潜在的创新者，那么养育孩子的这层含义也具备普遍包容性。

最后，创新需要其他创新者的合作，随着人类知识巨人的不断长高，成为一个像牛顿一样的孤胆英雄式的创新者已经越来越难，更多的创新者需要广泛地与他人合作，而且这种合作是跨越种族和国家的。因此，创新可以促进不同地域、国家和文化的交流与理解。

总的来说，创新是一种需要广泛合作的整合游戏，不仅不会引起无效"内卷"和恶性竞争，反而可以促进人与人、国与国之间的合作，具备高度的包容性。

可持续性

历史上，人类文明的成功得益于创新和传承。人类文明今天的科技水平和人口规模，就是所有祖先通过创新和传承为我们留下的财富，包括所有的科技创新、文化沉淀和巨大的基因池。这些创新和传承，大到科学发明和艺术创造，小到一个点评或者养育一个孩子，都是对人类创新和传承的贡献。人类社会之所以能发展到今天的繁荣程度，是祖先们不断创新和传承的结果。

创新和传承的另一层含义是，人类自身基因的创新和传承。人类基因组合的数量堪比天文数字，任何一个孩子的基因都是独一无二的，所以每个人的诞生都是一种创新。如果一个人能够留下后代，而后代平均生两个孩子，那么30代以后最多可能有10

亿个后代（2 的 30 次方是 10 亿多）。从基因学的证据看，有些先人留下了几百万甚至超过千万的后代，一个普通的宋代先人留下了几十万后代很平常。因此，只要你留下了后代，1 000 年以后的科学家和政治家可能就有你的基因贡献。人类祖先通过创新和传承，缔造了科学技术和文化艺术的大厦，以及 80 亿的人类基因库。

我们可以把人类的进化史和文明史，视为一场知识和基因的接力赛，在前人的肩膀上不断创新和传承，而我们这一代的责任就是传好这一代的接力棒。当然我们无法预测后代的意义，他们可能有完全不同的价值观和对于生命意义的诠释。但不同的价值观会影响人类延续的持续性，比如不注重传承的价值观，就可能引起文明的消亡。我们能做的，就是讲好创新和传承的意义，希望我们的后代能够像先人一样不断地创新和传承，让人类文明最大限度地繁荣和延续。

人类文明的延续并非高枕无忧，目前存在着环境问题、气候变化、病毒、核战争的风险等，还有更长远的天体影响和外星文明等风险。要抵御这些风险，只能依靠不断进行创新。例如，要解决气候变化带来的威胁，不能靠减少人口数量，而要靠创新。抵御病毒，不是靠减少人口数量，而是靠生物技术创新。从更长远的角度看，类似小行星撞地球或者是太阳膨胀的风险，抑或是人类自身发展的风险，都会威胁人类文明的长期传承。如果人类能够殖民其他行星，就可以分散风险，把文明的鸡蛋放在很多篮子里。但是殖民太空的技术非常困难和昂贵，几乎没有商业回报，所以必须把创新和传承作为人类文明的使命。

还有一个风险就是低生育率问题，低生育率会削弱创新和传承的能力，现在的年轻人如果从个人或者一代人的利益考虑，也许不愿意组织家庭和生孩子。长此以往，人类的创新能力会大打折扣。有关人口下降会影响创新的观点还不是主流观点，不过埃隆·马斯克已经在多个场合表示了类似的担忧。而中国的低生育率问题比美国严重。因此，强调传承的价值观很有必要，当然这不只是年轻人的事，全社会都要有这样的价值观，并给予年轻人全方位的支持和福利。

小　结

　　相对于其他意义，创新和传承更加本原、高级、充实、科学、包容和持久。人类文明的长期繁荣需要创新和传承。从人类自洽的角度来思考，为什么要传承？如果人类失去传承而灭绝，也就没人问这个问题了。问题会出现，正是因为祖辈实现了创新并且传承到了我们。反之，一个不注重创新和传承的种群，很快将在历史的长河中消亡。因此，世界主流的文化和宗教，无一例外都注重传承，尤其是中华文化。下一章将把创新主义的价值观和不同文化的价值观做比较，尤其是和中华传统文化做比较。

第五章

创新主义的哲学

这一章将论述创新和传承作为生命的意义所引发的哲学思考。我们知道，哲学讨论的是世界观、人生观和价值观，还包括认知论、伦理学、宗教信仰等问题。为了方便起见，对于把创新和传承作为生命的意义的哲学思想，我们将其简称为"创新主义"，以创新主义来讨论这些哲学问题。

本书已经论述了人类文明长期繁荣和创新主义的密切关系，这也是创新主义首次作为一个哲学概念被提出来。但以前的哲学家为什么没有类似的思考呢？哲学家从古至今似乎都没有那么重视创新。这是因为，直到近几十年进入信息和智能时代之后，创新才成为最重要的社会经济活动。在这之前，创新的速度很慢，所以没有引起足够的重视。

古代的先哲们，如柏拉图和孔子，他们所处的年代，创新速度很慢，在短暂的几十年人生中，观察不到太多的创新。同时，他们都侧重于追求某种稳定的理想社会，所以都不怎么赞成创新。在农业社会之前，人口传承也不是一个问题。因为自然的生育率很高，只要处于和平年代，人口一般不是问题。在很长一段时间，温饱和贫困是社会主要问题，所以也没有宗教或哲学强调传承，只有中国的儒学可能注重某种形式的传承，主要也是尊重祖先而并不涉及创新。

当前，创新已成为创造和分配财富最重要的活动，科技创新也发展到需要讨论价值观和伦理的水平。与此同时，人口和传承却出了问题，很多国家出现了不可持续的超低生育率。未来，创新和传承会是生命意义中越来越重要的组成部分，所以有必要对创新主义的价值观进行深入的哲学思考。

生命的本质

生命的意义是一个哲学问题。但是生命的本质是什么却是一个有趣的科学问题。生命和非生命的本质区别是什么？这个问题一直是科学界一个非常热门的研究课题。如果能够回答生命的本质问题，那么从某种角度看，生命的意义就是把这种本质差别最大限度地放大。

物理学和生物学通常认为生命体和非生命体的核心差别是熵减。熵是物理学中衡量无序的变量。热力学第二定理：封闭系统是熵增的，也就是走向无序的。任何生命体，死亡后都会归于尘土。但是活的生命可以实现局部的熵减少，生命是一个开放系统，可以通过吸收外部的能量和信息，抵御外部熵增的压力（无序和不确定性的侵蚀），来创造和维持秩序。例如蜜蜂筑巢、人类建造城市，是实现局部的熵减过程。因此，在某种意义上，是熵增还是熵减是生命区别于非生命的本质

著名作家和学者斯蒂芬·平克曾说："生命、精神和人类的终极目标是，利用能量和信息去和熵增做斗争，从而创造有序的

避难所。"简而言之，生命的意义就是追求熵减的最大化。人类相对于其他生物，有着更大的能力去利用信息和能量创造秩序，并抵御熵增的不确定性。

如何才能实现秩序或者熵减的最大化呢？熵减可以在生命和生命可控的局部进行。这个局部的大小就是局部所占据的时空。秩序最大化就是让这种熵减和秩序发生在更广的空间且持续时间更久。这和创新主义追求让人类文明长久繁荣的目标是接近的，因为长久繁荣也是追求人类文明在时空的延展。另外，熵减和创新也是一致的，因为创新可以积累知识，从而提升抵抗熵增压力的能力。在信息论中，信息量增加对应的是熵减，所以创新越多，知识积累越多，熵减的潜力就越大。

创新主义所追求的"繁荣"不仅是时间和空间的拓展，而且要有趣，有趣和熵减或者秩序有关系吗？不完全一样，但有相似性。按照熵的定义，概率越小的事件，熵就越小。那么概率越小的事件是不是就越有趣？有趣的事的确罕见，当然有趣和概率小不完全一样，前文说过，有趣是要对未来的创新具有启发性。

从方法上来讲，追求长期繁荣的最佳方法是创新和传承，那么实现有趣和熵减最大化的最佳方法是不是也是一样的？从时空最大化的角度看，高度可靠的复制是占据更大时空的最佳手段。要做到高度可靠，就必须只复制少量的信息，所以要把某种生命的信息精炼出来，然后再复制，这就是DNA（脱氧核糖核酸）的作用。但是不能只做完全没有创新的复制，而是要不断地优化DNA适应外部环境的能力。自然界发明的最好的创新方式就是进化，即通过两性繁殖和基因的变异来实现DNA的创新，然后让自然界去做创新的过滤器。

科技和文化的创新也是同样的逻辑。为了提升抵抗熵增的能力，人类通过创新来积累知识，提高适应环境和抵御风险的能力。要让科技和文化得到广泛传播，也需要精炼和可靠的知识复制与传承方式。人类独有的语言和科学方法，正好可以实现精炼和可靠的传承。

总之，如果把生命的本质理解为熵减，就可以把对生命意义的追求理解为秩序的最大化。这种追求和创新主义对人类长期繁荣的追求十分接近，而且最佳的实现方法也是通过创新和传承。

创新主义的价值观

可见创新主义对于生命意义的诠释和生命本质的科学解释是相似的。我们还可以把创新主义和其他哲学流派进行比较。上一章已经讲了创新主义具有充实性、科学性、包容性、可持续性等特质。创新主义的世界观、人生观和价值观与其他哲学流派有何异同？

世界观：唯物主义、唯心主义和主观主义

- 唯物主义观点强调物质世界是唯一真实的存在，人类社会和意识是物质生活条件的产物。马克思是唯物主义哲学家的代表。
- 唯心主义认为，精神和意识的活动在某种程度上是构成物质世界与人类经验的基础，而物质则可能是精神的表现或依赖。唯心主义的代表是柏拉图、康德和黑格尔。
- 主观主义强调个体主观体验和情感在认知、道德与价值观方面的重要性，认为现实世界被个体的意识和经验所构建。主观主义的代表是乔治·伯克利。

创新主义的观点更倾向于唯物主义，而不认同主观主义。如果一个创新要被认可、被验证、被使用和被传承，就要能够反映客观世界的规律。个人感受也许很实在和重要，但不易被传播，更别说被传承了。

世界观：经验主义、理性主义、后现代主义和存在主义

世界观讨论的另一个重要方向是认知论，主要流派如下。

- 经验主义，主张通过观察、实验和感觉来获得关于世界的真实知识。经验主义的代表是约翰·洛克和大卫·休谟。
- 理性主义，强调理性和思维的重要性，认为通过思考、推理和逻辑分析，人类能够获得真理和知识。理性主义强调寻找事物的根本原因和原则，试图揭示存在背后的普遍规律，理性主义的影响贯穿了很多西方哲学家和哲学流派，从古希腊哲学的集大成者亚里士多德，一直到现代西方哲学的集大成者康德，都可以说是理性主义的代表。
- 后现代主义，质疑现代主流哲学的观念，强调相对性、多样性和文化的复杂性。它认为真理、价值和现实是相对的，没有固定的、普遍的意义。

- 存在主义，与后现代主义相似，强调个体的存在和自由。存在主义者认为人类存在是主观的，每个人必须在存在的过程中自主创造自己的价值和意义。著名的存在主义哲学家包括萨特、卡缪、海德格尔等。

经验主义和理性主义并不矛盾，其实就是科学方法的两面。科学方法不仅需要经验主义强调的观察，也需要理性主义强调的理论和逻辑推理。虽然创新有时只靠观察和经验也能成功，但是如果缺乏理论，尤其是没有定量的理论模型，就不太容易形成广泛的应用范围，创新的可传播性和传承性就会弱很多。中国古代也有很多创新技术，但都没有上升到理论高度，难以像古希腊的数学和几何学一样启发后来更多的科学发现（如物理学）。因此，创新主义非常认可理性主义对于普遍规律（真理）和知识的追求。

后现代主义关于真理是相对的观点，无法得到创新主义的认可。因为如果每个人的理论和观点都不一样，就无法传播和传承。但是创新主义认可后现代主义和存在主义中强调多样性的部分观点，也就是包容和鼓励每个人的独特性与多样性。无论在科技创新还是文化创新领域，多样性的产品、消费和观念都应当被包容并鼓励，但同时也必须注重传承，就是要有足够数量的后代保持人类基因的传承。

人生观：入世和出世

- 入世通常指的是个体积极参与社会、生活和世界的事务，追求现实世界的成功、快乐和满足。入世者关注世俗生活，追求物质财富、社会地位、家庭幸福等。这种观点强调在现实世界中充分体验和实现个体的愿望与目标。在主要哲学和宗教体系中，入世的代表是儒家、亚里士多德和新教伦理。
- 出世指的则是个体超越世俗的追求，追求超越物质和感官的境界，寻求精神的成长和超越。出世者可能从宗教、哲学或冥想中寻找灵性的平静和深刻，强调内心的安宁、智慧和超越。在主要哲学和宗教体系中，出世的主要代表是佛教。

创新主义倾向于入世的人生哲学，因为创新和传承需要入世去完成。创新不只是拥有想法，而是无论是新产品还是新作品，都要争取同行的认可或者获得很多用户，并且能够启发和推动后人的创新。此外，还要积极地进行实验，人为创造不同的外部条件，然后再观察结果和修正理论。这些都需要积极参与社会活动和探索现实世界的态度。当然，创新主义积极入世，并不只是为了名利和财富，而且是为了更高级的创新和传承的追求。

禁欲主义和享乐主义

- 禁欲主义强调通过抑制欲望、克制享受和物质欲望，来追求精神的纯洁、道德的高尚和超越世俗的目标。禁欲主义者相信通过放弃对于物质享受和感官满足的追求，可以获得更高层次的满足感和内心的平静。

- 享乐主义强调个体追求快乐、愉悦和满足,将人生的价值寄托于获得愉快的体验和满足感。享乐主义者认为人生的目标在于追求个体幸福,包括物质享受、社交活动、娱乐等。

创新主义对于享乐的看法,跟禁欲主义和享乐主义不同,认为物质和精神的需求都很重要。物质需求很重要,因为科技创新的目的就是更加高效地解决衣食住行问题,从而使人们留下更多的时间和资源参与更加高级的精神娱乐。创新主义的观点是精神娱乐有高低之分,其中最高层次的是从事与创新和传承有关的活动。创新主义对于享乐的看法,有些类似于古希腊的伊壁鸠鲁哲学流派。他们也主张追求享乐,但只要求简单的物质享乐,更强调友谊和认知等精神享乐。创新主义比伊壁鸠鲁学派更进一步,不只追求认知提升,而且要主动创新。

个人主义和集体主义

- 个人主义是一种强调个体独立、自由和权利的价值观。个人主义者主张个体有权自由地做出决定,不受过多的社会干预。个人主义重视个体的创造力、自我实现和自主性,倾向于强调个体的独特性和差异。
- 集体主义是一种强调社会整体、团体和共同利益的价值观。他们认为个体的成功和幸福与社会的繁荣和团体的利益相关。集体主义提倡合作、互助和社会责任,强调共同体的凝聚力和共同目标。

创新主义的某些观点是倾向于个人主义的。因为创新的不可预测性，创新是一个分布式的随机搜索过程，其中没有捷径，只有让每一个创新者充分发挥个人的独特视角和能力，才能破解创新的密码。因此，创新主义和个人主义一样，注重个体的创造力和自主性，也会包容、珍惜甚至鼓励个体的多样性和独特性。在经济政策上，创新主义更倾向于自由市场经济和较少的政府干预。

但创新主义也并不摒弃集体主义的观点。因为政府在建设基础设施和搭建某些创新网络方面（例如资助大学的基础科学研究），具有不可替代的作用。此外，创新主义还特别强调家庭和养育后代。虽然创新主义总体上主张较少的政府干预，但是在养育后代上，却主张政府要积极为家庭提供养育孩子的福利和支持。提供生育福利和生育自由并不矛盾，为家庭尤其是女性提供充足的财务和时间资源的福利，例如育儿津贴和免费托育服务，可以让女性有更多的自由兼顾家庭和事业发展。（创新主义和女性主义的观点的异同会在后文展开论述。）

民族主义和国际主义

创新主义是偏向国际主义的。因为创新并不是一个零和游戏，而是一个正和游戏。一个来自其他国家的科学发现或者文艺作品，可以启发全球其他的科学家或者艺术家。科学和艺术不分国家和种群，科学家和艺术家之间固然会有竞争，但这种竞争比的是谁的创意更先进、更有趣，而不是争夺稀缺的资源。当然，健康的民族自豪感，也可以激发科学家、艺术家或企业家的创造热情。但总的来说，创新主义的价值观还是更偏向国际主义。

女性主义和女随母姓

女性主义主张男性和女性应具有平等的权利和机会。女性主义关注性别造成的不平等问题，尤其是女性在社会各个领域中的权利和地位。

创新主义首先认可女性在创新活动中与男性一样重要。女性主义为女性争取到平等的各项权利，让很多女性成了成功的创新者，女性在人类创新队伍中的贡献越来越大，这是社会的巨大进步。但是在生育方面，女性还是承担着比男性更加重要的责任。社会应该尊重每个女性的生育选择，但实际情况是，一些现代女性出于各种原因，为了事业不得不放弃家庭。创新主义认为，在尊重女性生育自由的基础上，应该进一步提供充足的财务和时间资源的支持，让她们有能力选择兼顾职业发展和家庭幸福。换言之，女性平权和生育文化并不矛盾，前提是生育福利要充分到位。

如图5.1所示，女性地位和生育率之间并非单纯的线性关系。在发展水平比较低的传统社会，女性地位比较低，不得不生育很多孩子。随着社会和经济的发展，女性地位和参加工作的比例逐步提高，生育率下降。但这种下降不是单向的，当社会进一步发展，女性的地位和经济独立性非常高时，再增加生育福利，生育率不降反升。

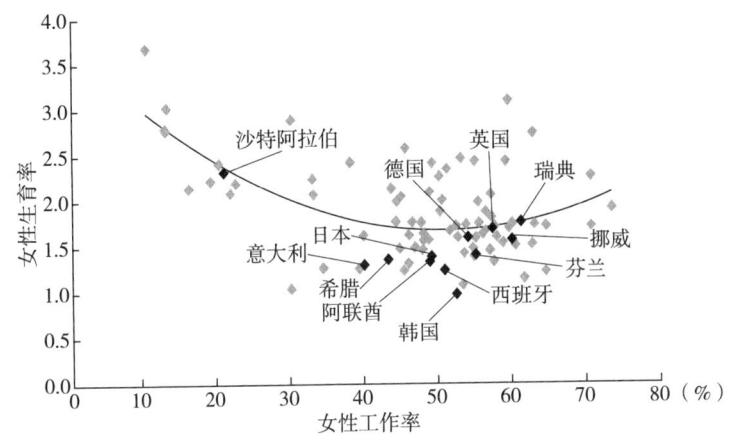

图 5.1 部分国家女性工作率与生育率的关系

资料来源：世界银行（2018）。

图 5.1 中的 U 形曲线，展示了社会发展水平和生育率的非线性关系。很多低收入的国家和伊斯兰国家，女性地位和女性参加工作的比例比较低，生育率比较高。像日本、韩国这样的国家，女性地位和参加工作的比例处于中游水平，虽然女性受教育程度比较高，但是"男主外、女主内"的传统家庭分工方式根深蒂固，所以结婚率和生育率非常低。与此形成鲜明对比的是，北欧女性的社会地位和参加工作的比例都很高，而且生育福利很好，生育率反而很高。例如，瑞典是当今世界公认的在确保性别平等方面最成功的国家之一，瑞典新的《王位继承法》赋予王室女性和男性同样的继承权，从而成为第一个宣布不论男女由长子（女）继承王位的君主制国家。瑞典议会中，女议员的比例约为 40%。另外，瑞典在 20 世纪 80 年代颁布了专门的《同居法》，承认同居关系的法律效力，规范国民的非婚同居生育行为。近年来，瑞典的生育率达到 1.9，在欧洲国家中仅低于法国。

再看冰岛，冰岛是欧洲生育率最高的国家之一，平均每名妇女育有两个孩子。在冰岛，女性参加工作的比例超过70%。这部分得益于冰岛的社会福利，比如90%的冰岛儿童都能进入由国家出资运营的公立幼儿园就读。冰岛还鼓励男性当"奶爸"，有70%的父亲选择休3个月以上的产假，并且可以拿到80%的工资。

由此可见，女性地位和生育率并不矛盾。如果把女性平权做好，并且给予很好的生育福利，就能同时实现提高生育率和保障女性的职业发展。北欧国家已经成功地做到了这一点，这些国家提供优质普惠的幼托服务，在降低生育成本和保障女性地位方面都有很好的政策。本书在后面的政策建议章节中，提出了一些缓解职业生涯发展和养育负担矛盾的建议，其中包括增加托儿所、男女平等的产假、引进外国保姆、允许辅助生殖技术、保障单亲家庭福利、灵活办公模式等。

女随母姓的建议

我个人提倡女随母姓，这样在姓氏传承上也彻底和男性平权。现在的孩子随父姓的习俗，几乎是最后一项男女不平等的陋习。即使是一位杰出的女性，只要她结婚生子，那么无论配偶优秀与否，其子女一般都不会跟随妈妈的姓氏。

女儿随母亲姓，更有利于提高优秀的母亲培养女儿的动力。很多适合女性的职业，如服装设计师，女儿继承母业的可能性更高。女儿跟随母姓，会更倾向于视妈妈为榜样，妈妈也会有更多的动力为女儿创造机会。有了更强的传承动机后，未来出现更多女性成功人士的概率将大大提高。

女随母姓的做法并不影响父系的传承链。因为如果女儿随父姓，到了再下一代，外孙本来也就不随外公姓了。女随母姓是在传统父系传承的基础上，额外增加了一条母系传承链。男女都有平等的机会让自己的基因、姓氏和事迹永远传承下去。

如果让男女都拥有传承动机，那么生育率也就有望提高。目前中国每个妇女平均只生 1.1 个孩子，这是极为严重的超低生育率，未来中国势必面临人口急剧老化的社会和经济问题。我一直呼吁中国推出鼓励生育的福利政策，而姓氏继承习俗的平权，是一个无须任何投入就能提高生育率的措施。一旦父母都希望传承姓氏，整个家庭追求儿女双全的动机就会加强，更多人会希望生二胎，有两个男孩或两个女孩的家庭，还会希望再多一个女儿或儿子。

创新主义和传统宗教文化

创新主义和传统宗教是兼容的。创新主义可以假设是造物主创造了人类，那么造物主创造人类的目的是什么呢？人类的需求层次有高低之分。创新是高层次的需求，而创新成功与否可以用其作品是否有趣来衡量。我们不妨猜测一下，造物主创造人类也应该是希望人类"很有趣"。那么如何才能让人类变得很有趣呢？可能仅仅尊敬和信仰上帝并不够，还要做出有趣的创新。因此，创新主义对于使命的理解，就是要不断做出有趣的事情，还要不断创造有趣的后代。这种为上帝做出有趣创新的使命，有点像新教中上帝的呼召，不同之处在于创新主义更强调这种使命是创新和传承。

创新主义也可以兼容无神论。假设没有造物主的存在，人类需要为自己寻找使命和意义。如果没有造物主创造人类，那么人类的产生是多么幸运和偶然，多么宝贵和值得珍惜，所以要尽全力实现人类文明最大的潜力。要做到这一点，就需要创新和传承。

创新主义也可以兼容中国的传统文化。创新主义有关传承的理念和儒家最接近。相对于其他哲学流派，儒家最强调个人承担家庭的责任，民间的儒家道德也强调种群的传承。儒家也注重入世的态度，即积极参与社会活动，履行社会责任，这和创新主义入世的态度相似。不同的是，创新主义并不盲目地尊崇传统，反而要打破传统，追求新颖和有趣，不过，这并不是否定传承和养育后代。

当然，以上对于宗教和文化的分析，只是基于历史上对于这些宗教和思想流派的主流理解，很多宗教和思想派别也在不断与时俱进，开始引入更多入世和创新的元素。

创新主义和敬祖文化

对中国文化影响最大的是儒家。儒家最独特的是对于祖先的崇拜，这与西方对于上帝的崇拜形成鲜明的对比。我认为这种祖先崇拜更符合创新主义中的传承理念，值得进一步发扬光大。

中华文化和创新主义

中华民族伟大复兴是每一个中国人的梦想。那么，在经历了漫长历史而形成的中华文化中,哪些内容属于独特的精华,并且值得在现代社会推崇?中华文化中敬祖传后的文化,经过一定的重塑,很符合创新主义的理念。

中华文化博大精深,其中很多价值观和世界上其他文化的价值观相似。比如,"己所不欲,勿施于人"的思想,在西方宗教中也有相似的表述。而中华文化中提倡与自然和谐相处的"天人合一"理念,同样出现在其他文化和信仰中。

我们认为,中华文化中最具特色的是敬奉先祖和传承后代的文化。西方两千多年盛行基督教,上帝信仰成为最重要的信仰。而中国在儒家文化的影响下,敬奉先祖和注重传承成为最重要的信仰。

当然,世界其他文化中也有敬祖传后的部分元素,但其深度和广度远不如中国。西方的贵族也注重家族传承,但贵族在整个社会中的人口比例很低。在有些国家,百姓直到近代才拥有自己的姓氏,但宗教信仰却有悠久的历史,所以广大民众基本还是把信仰上帝摆在远比敬奉先祖更重要的位置上。

中国这种敬祖传后的文化起源于先秦的贵族,后来逐步扩散到民间,到明清时已经普及到汉地的平民百姓。尤其在中国南方,村里最豪华、最醒目的古建筑是祠堂,多为村里的宗族集资或捐资而建。这些祠堂是举行各种社群活动,特别是重大仪式和会议的场所,功能类似于西方的教堂。祠堂里供奉的不是神灵,而是家谱、家训和成功先辈的事迹,供后代学习、瞻仰和祭拜。例如,广州的陈家祠被誉为"广州文化名片",成为岭南地区最具文化艺术特色的博物馆和著名的旅行景点。简而言之,在现代以前,西方人敬奉的是像基督这样的神灵,中国人则祭拜祖先,敬奉成功的先辈，这是中华文化最具特色的地方。

比较祖先与神灵敬奉：意义和强度

回溯历史，神灵敬奉和先祖敬奉都起到了道德约束与行为激励的作用。针对自己身后的归宿，基督徒关心的是上天堂还是下地狱，而传统的中国人则在意进入祠堂是被后代尊崇还是遭后人唾弃。

表面上，上天堂还是下地狱的约束和激励更有震撼力，但在实证意义上却不属于现代科学认知体系，所以宗教的道德约束力随着科学深入人心而渐行渐远，而渴望被后代尊崇则获得了有力的科学支持。根据现代社会心理学，人的成就感主要来自他人尤其是与自己更相近的人的认可。为了获取后人的认可，追求成功并努力做个好人，符合基本人性和现代科学。因此，追求传承作为人生目的，也许不如进天堂那么令信奉者神往，但在现代社会却是更有效的道德约束和激励机制。

与敬奉先祖相似的是敬奉先贤，即敬奉那些为人类做过杰出贡献的伟人。现代社会逐渐走出宗族意识，使人们在更广范围交流互动、选贤与能，真正激发了全社会的潜能，出现了尊崇杰出的科学家、企业家、政治家的先贤敬奉。

如果说敬奉先贤给全社会树立了相同的楷模，那敬奉先祖则给个人提供了与自己更接近的榜样。牛顿和爱因斯坦的科学成就值得尊崇，但他们与你的联系并不比与其他人的联系更紧密。而家族先人的事迹对于你的意义却比别人更特别。如果你的曾祖父是一位成功的企业家，拥有相似基因的你，就会更有信心成为同样成功的企业家。此外，对于绝大部分人来说，成为圣贤是遥不可及的梦想，但通过自身努力，成为家族后代的榜样则更容易达到，正所谓"人过留名，雁过留声"。也就是说，敬奉先祖比敬奉先贤更具体、更有激励性，也更容易实现。可以说，敬奉先祖是敬奉先贤的有效补充。

注重家庭、后代和教育的价值观

敬奉先祖会自然衍生出注重家庭的价值观，因为家庭是维持人类生存、繁衍和传承所需的权利与责任的基本单位。孝道文化历来是中华文明的传统美德之一。如今，在中华文化圈的国家和地区，家庭一般更加稳定，整个社会也更加注重赡养老人。

注重后代传承是敬奉先祖理念的自然延伸。要被后代崇敬并祭拜，首先得有足够数量的后代。这使血脉延续在中华传统文化中占据核心地位，所以过去才会出现所谓"不孝有三，无后为大"的说法。没有成功的后代，不光对不起自己，也对不起祖辈。华人和儒家文化普遍更注重对于后代的教育，这也跟敬奉先祖不无关系。传承不仅要求自己成功，为后代树立榜样，还表现在注重总结经验以启发后世。正因如此，祠堂里经常供奉着家训、家书等。

敬祖文化的历史贡献

可以说，敬祖传后的文化衍生出来的注重家庭、后代和教育的价值观，是中华文明经久不衰的重要原因。魏晋以后，中国北方受到游牧民族的侵扰，很多汉人从北方迁徙到南方，保持并发扬了敬祖传后的文化，从而能在新的土地上成功地繁衍生息，让人口和经济得到空前的发展。

到宋朝以后，家族传承文化普及到了汉地的平民百姓。随着经济和教育水平的高度发达，以及科举和文官制度的普及，中国逐步成为世俗化的平民社会，全民都被赋予家族传承的荣誉感。即使是一介平民，也能通过科举取得仕途成功，进而光宗耀祖。一个有趣的对比是，在中国的传统戏曲中，除了帝王将相的故事，还有大量才子佳人的题材，让人们看到了平民实现阶层跃升的希望。而在西方的古代故事中，主角往往是王子和公主。

宋朝以后，得益于南方在人口和经济上的优势，中华文明在北方多次发生动乱的情况下，不仅延续了下来，而且不断同化其他少数民族。中华民族能够形成人口优势的重要原因，就是注重家庭、后代和教育的价值观。尤其在东南沿海地区，形成了极具中华特色的祠堂和耕读文化。其中客家文化和潮汕文化很有代表性，这些地方的年轻人，无论是外出经商还是做官，都不会忘记到家乡回馈故土和家族。

在中国本土之外，海外华人同样依靠这种敬祖传后的文化，在东南亚取得了巨大的成功。虽然海外华人在当地人口占比不高，但却成为当地经济发展的关键力量。这些海外人士至今仍然非常认可自己的华人身份，踊跃回国投资和做出贡献，对于中国的经济崛起发挥了很重要的作用。

总之，敬祖传后的文化为中华民族带来了强大的生存、繁衍和传承能力，让中华文明历经各种侵扰和威胁之后，依然薪火相传并涅槃重生。中国之所以能在短短几十年后重回世界强国的位置，得益于世界最大的单一文化的人口，这也是几千年敬祖传后文化积淀形成的结果。

敬祖文化的当代诠释和改良

中国敬祖传后的文化虽然起源于农业社会，但与现代商业社会并不构成冲突。其实，中国过去最擅长经商的人群，也是传统文化氛围最浓厚的群体。历史上的徽商、晋商、客家人、潮州人，都鼓励后代四海为家，到全国乃至全世界经商，但同时又具有回馈家庭和家乡的深厚传统。这些群体在家庭和族群之间形成的互助纽带，往往能降低交易成本并增强抗风险能力，而他们众多的子女也有助于家族企业的兴盛和传承。

如今的敬奉对象从古代的官员，扩展到了企业家、科学家和艺术家等创新型成功人士。在古代，光耀门楣是指家中有人出任朝廷官员，这种认可与科举制度不无关系。但在创新型社会中，敬奉对象可以包括祖先之中在各个领域取得成功的创新人士，而且把他们的创新故事和成功经历记录在物理或虚拟的祠堂里，起到激励后人的作用。

敬奉对象还应该包括女性祖先，尤其是成功的女性祖先。在古代，先祖敬奉往往与父权联系在一起。这种联系也许源自古代男性在农业生产中的作用。但在男女平等的现代社会，同时敬奉母系和父系先祖才更合理。在姓氏上，如果实行儿随父姓和女随母姓，就能同时纪念父系和母系的祖先。这样既认可了母亲在繁衍上更多的付出，也肯定了父亲在养育上的责任，还扩大了祖先（和后代）的池子。

最后，现代的敬祖文化还需要强调人类具有共同祖先的普世理念。尽管全球性宗教强调内部的一致性，但不同宗教甚至同一宗教的不同教派之间却纷争不断。这是因为不同教派自身的身份认同，必须建立在和其他教派的差异之上，所以他们之间的分离和对立是天然的。而先祖敬奉则具有人类基于共同起源的天然亲近感，可以促进人类命运共同体观念的形成。因为根据基因学，所有中国人都能在千年尺度上找到共同的祖先，世界上所有人都能在万年尺度上找到共同的祖先。现在全世界绝大多数人共同的祖先，其实都可以追溯到6万年前那群勇敢走出非洲并生存下来的一个小部落。

如果同时追溯父系和母系的祖先，一个人的祖先的数量每往上一代就会增加两倍。如果追溯几代，就会有几十个或几百个祖先。这就需要利用现代先进的数字技术，来记录指数增长的所有祖先（和后代）。过去修家谱虽然有官府支持，但主要还只是家族内的行为。以家族为修谱主体，可以维持家族的积极性和自主性，却受限于家族所掌握的信息资源和编撰能力。在现代社会，修谱内容可以从父系单线扩展到完整的祖源树型结构，记录每一位祖先的故事，尤其是那些成功创新者的故事。在充分照顾家庭意愿和个人隐私的前提下，政府也可以在其中发挥积极作用，甚至构建平台逐步建立完整的国民祖源图谱，这对弘扬创新和传承的价值观具有意义。

从人类文明的角度来看，敬祖传后是人类慎终追远的智慧，不仅为自己和当代人着想，还要为子孙后代着想，追求人类文明长期延续和繁荣。这种理念根本上和创新主义一致，需要改良的是加入创新和相关的价值观。今天，中国在经济和科技等领域取得了很大成功,但却在文化上陷入迷惘。在西方思潮的长期影响下,我们甚至不清楚应该坚守哪些传统价值观。从中华文明传承的角度来说,需要重新发掘、提炼、改进和发扬我们传统文化中的精华,而敬祖传后正是这种精华之一,它不仅有助于中国人找回文化自信,也是人类文明的精神财富,值得我们珍惜、改良并发扬光大。

小　结

　　用创新主义和其他主要哲学流派做比较,在世界观方面更接近理性主义和唯物主义,认知论方面更像逻辑实证主义,通过理性思考和观察实验去探索客观世界的奥秘。在价值观方面更接近个人主义,提倡以创新为导向的高层次享乐主义,也主张积极入世的态度,通过履行社会责任,为社会改善和公共利益做出贡献。创新主义的不同之处在于,不仅强调认知提升,更强调创新和创新的传承,还强调养育后代和家族传承。在这方面,创新主义和中华文化里敬奉先祖的文化有很多交集,尤其是在追求人类文明长期繁荣的终极目标上非常一致。可以把改良后的敬祖文化和创新主义结合起来,以几千年文化积淀作为基石,会更有助于创新主义在中国的传播。

下 篇

实践篇

第六章

国家如何培育创新能力

创新是个人、企业和国家创造财富的关键，那么国家层面应该采取何种公共政策呢？从历史上看，世界的创新中心已经转移过多次。最初，世界的创新中心在埃及和中东，之后转移到了希腊和罗马，再后来转移到了中国。在最近的二三百年间，它一直处在欧洲和美国。那么这些变化背后的因素是什么？什么样的环境可以促进和培育创新？什么样的政策才能促进创新？

在创业成功后，我选择前往斯坦福大学攻读经济学博士学位，并将创新作为我感兴趣的专业领域。成功的经济体都有一些共同的必要条件，比如稳定的政治制度、充分的产权保护、运作顺畅的金融业、开放的贸易和受过教育的劳动力。创新建立在既有知识基础之上，因此能够与世界其他地方自由交流至关重要。比如，中国明代选择闭关锁国，切断与其他国家进行商品交换和思想交流的通道，这一措施最终关闭了中国的创新引擎。又如，在第二次世界大战以后，严格的贸易壁垒和不稳定的金融体系，阻碍了拉丁美洲的经济发展和创新。

时至今日，大多数国家已经理解到经济创新所必需的宏观条件，并且大多数中高收入国家也可以为创新提供这些条件。那么，除了以上宏观条件之外，推动创新的因素还有哪些？

产业政策能否促进创新

产业政策一度被认为能够促进创新。产业政策扶持的对象，是某些在创新方面被认定"有潜力"的领域。这在民间资本不发达的情况下可能成立，但是在全球化背景下的市场经济中，创新的回报如此之大，不乏大量资本去追逐成功的创新。在过去的10年中，全球风险投资业发展迅速。因此，即使在没有政府资金投入的情况下，民间资本也可以很好地资助创新活动。

另外，在评判和选择"有潜力"的技术时，风险资本家的把握能力相对较强。例如，某些国家的政府近年来投入大量资金支持太阳能产业，但它并不善于选择合适的公司或者合适的技术。虽然科技发展推动整个行业获得了健康成长，但政府在此过程中却浪费了不少资金。

由此可见，政府能做出的最好决策，并不是推出产业政策乃至直接投资，而是提供公平、开放、可预期的竞争环境。政府只需要对所有公司提供全面的税收减免优惠，无须自己去投资扶持某些公司或者技术。这也是支持供给侧改革的经济学家的政策建议，即主张低税收、小政府、可预期监管，并允许市场去认定和奖励赢家。因此，其结论是政府不应该过多介入创新和创业。

当然，大多数政府不愿意承认这一结论，因为这使它们脱离了最重要的经济活动。但对于创新来说，没有什么捷径或者灵丹妙药，否则世界上早就出现更多富裕的国家了。

国家创新力模型

在微观层面,具体的创新方向是不可预测的;在宏观层面,一个国家的创新力源自其创新者的思想交流。所谓创新者,可能是相关领域的科学家,可能是一个关键零部件的厂家,也可能是一位深度用户。与这些创新者进行交流,是产生创新想法的源泉,所以一个国家的创新力取决于人口数量、人口能力,以及内部交流量和外部交流量。人口能力是指人口中平均的个人能力,其中包括天分、教育、经验、精力、沟通能力和冒险能力等。内部交流量和外部交流量是指本国和国外交流的畅通性,涵盖信息、商品、资金等多种交流形式。一个比喻是,人类社会就像大脑,人就像神经元,神经元越多(好似人越多),神经元越活跃(好似个人能力越强),神经元之间的连接越多(好似内部和外部交流畅通),大脑就会越发达。

用公式表达就是:

创新力 = 人口数量 × 人口能力 ×(内部交流量 + 外部交流量)

人口数量、人口能力、内部交流量和外部交流量这四个变量,分别对应规模效应、老龄化效应、聚集效应和流动效应。

人口数量和规模效应

规模效应在现代经济中无处不在。制造行业中,生产 100 万件产品的单位成本，通常远远低于生产 1 000 件产品的单位成本。这是因为研发产品、采购设备和建设厂房的投入，一般不会因为产量的增加而等比例上升。餐馆、酒店等服务行业也存在规模效应，因为店面的设计、菜谱和食材配方也只需要一次性投入。连锁店的广告营销，也具有很强的规模效应，因为广告制作和明星代言都不必分散投入成本，大规模媒体投放可以拿到很低的成本。

对于高科技或者文创行业，由于研发创新的固定投入是其主要成本，规模效应就越发显著。例如，投资一部目标市场为 10 亿人群的电影（或网站）的预算，可以 10 倍于一部目标市场只有 1 亿人群的电影（或网站）的预算。又如，在携程旅行网，可以雇用 5 000 位软件工程师，相比之下，日本市场只有中国市场的 1/10，因此，一家类似的日本公司只能雇用几百个工程师。

有人认为，随着全球化的进一步发展，即使是一个小国也可以进入全球市场。这种观点在一定程度上是正确的，因为当今的运输成本和贸易壁垒都很低，来自一个小国的公司完全可以将标准化的制造产品出口到世界各地。

但在日益重要的互联网和人工智能等信息服务领域，大国人口规模的优势仍然无可替代。这是因为该行业的先发优势非常关键。一旦某家企业抢先取得了大量客户，形成了网络效应，其他公司就很难追赶。在一个网络效应发挥巨大作用的行业中，赢家将是那些能够率先跨越客户规模"临界值"（critical mass）的公司。举例来说，如果 1 000 万名客户代表一个"临界值"，要达到这个临界值，在美国市场上（其人口总数为 3 亿人）所必需的渗透率约为 3%。对于总人口只有 1 亿人的日本来说，所必需的渗透率则为10%。而在中国，这一比率小于1%。因此，如果比较某项创新达到临界值的时机，美国市场通常会比日本市场快一些。美国的互联网公司，如谷歌、苹果、脸书、亚马逊、亿客行等，在国内市场成功达到临界值以后，就迅速扩展到了其他国家，成功占领世界市场。在互联网行业，起步时机的早晚，往往足以区分赢家和输家。这种先发优势还体现在数据优势上，尤其在人工智能和机器人等行业，用户的数据成了训练算法的要素，用户数据越多，算法就越好。显然，拥有大量本国用户的美国和中国公司更容易取得先机，所以中国和美国的互联网与人工智能公司能够成为全球赢家。

还可以从另一个角度来验证人口数量的重要性。著名的经济学家迈克尔·波特提出了企业战略成功的五要素，并将公司竞争战略理论应用于国家竞争战略。[1] 在他的模型中，一个国家的某种产业想要获得成功，需要具备四个要素：禀赋、需求、零部件产业、竞争。我对波特这个四要素模型的认识是，这四个要素实际上都与人口有关。人口众多意味着庞大的人才储备库和规模巨大的本地市场，即禀赋要素和需求要素。巨大的市场也可以催生更加发达和完整的零部件产业。最后，众多的人口和庞大的市场可以培育更多的竞争者。因此，可以认为波特的模型结论和本书一致，即人口规模其实是创新活动最重要的优势来源。

人口能力和老龄化效应

前文讲了人口规模的重要性，那么是否可以单纯通过加强教育来提升人口能力呢？然而，现在还没有什么课程可以直接教授创新力，因为创新力是一种综合且不确定的能力。普及基础和大学教育只是一个入场券，到了一定程度以后再加大教育投入，最终会出现饱和。有些国家甚至出现了教育过度投入和"内卷"问题。中国教育的主要问题是，严重"内卷"带来了巨大的成本，导致家庭没有意愿和能力生更多孩子。

　　能力的一个重要维度是老化问题。低生育率不仅造成人口规模减小，而且必然导致人口年龄结构老龄化。有天赋的创业者，一般都是在30多岁时最具创造能力。一个国家如果拥有大量30岁左右且受过高等教育的年轻人，那么就会提升创新尤其是颠覆性创新能力。相反，如果一个国家正在迅速老龄化，那么潜在的年轻发明家和企业家就会变少。

　　老龄化社会还存在一种阻挡效应，即老年人会影响年轻人的活力。一个员工获得高级职位的概率，取决于相关领域内的劳动力年龄结构。如果公司里存在大量四五十岁的员工，那么年轻员工就不太可能被赋予更多的管理责任，因为高级职位已经被年长的员工所占据。因此，一个国家的年龄结构，可能成为影响创业的重要因素。整体结构趋于年轻的社会，会为年轻人提供更多机会来获得创业所必需的技能。相反，在一个老龄化的国家中，随着时间的推移，人口规模不断缩小，年轻员工的晋升较慢，拥有的影响力较小，技能也较差，所以难以成为潜在的企业家。因此，在一个老龄化的国家里，不仅年轻人的数量变少，而且由于他们的发展被数量更多的老年人所阻碍，所以年轻人很难创业。

　　我和斯坦福大学、北京大学的经济学家研究过企业家精神与老龄化之间的关系。我们分析了所有发达国家的数据，发现年龄结构越年轻的国家，创业活力就越旺盛。[2]日本是一个典型的负面例子,近几十年,日本的初创企业数量随着人口结构的老化而迅速下降。

虽然日本缺乏创业活力,但是如果只看某些创新指标,则日本的创新表现并不差。日本的大公司在研发方面投入巨资,获得多项专利。然而,这些发明大多是微创新,而不是颠覆性发明。例如,日本公司不断改进数字照相机,使其体积更小、质量更好,并且具有更多功能。但是,它们没有产生 iPhone(苹果手机)、互联网平台那样的颠覆性发明。自 20 世纪 90 年代以来,尽管大型日本企业获得了大量专利,但已经无法跟上美国高新技术企业的创新速度。

日本公司并非一直都是这种表现。它们在 20 世纪 70 年代和 80 年代非常有创造力,并产生了革命性的发明,如随身听、数字照相机和游戏机控制台。日本经济在那个阶段获得了快速发展,人均 GDP 一度超过美国。然而,在 1991 年房地产泡沫破灭后,日本经济在接下来的 20 年里一直停滞不前,而美国经济则得益于蓬勃发展的高科技产业,始终走在世界前列。关于日本出现"失落的几十年"的原因,至今众说纷纭。一些经济学家将停滞现象归因于房地产泡沫破灭引发的金融危机。然而,历史上没有任何一次金融危机的持续时间超过 10 年,日本的经济停滞却已经超过 30 年。今天,越来越多的经济学家意识到,真正导致这一停滞的罪魁祸首,是人口的老龄化和创业精神的缺失。

日本经济比不上美国的原因之一就是缺乏初创企业,导致其 IT(信息技术)产业在过去 30 年中的发展活力远不及美国。如表 6.1 所示,在美国排名前 10 的高科技公司中,有 6 家在 1985 年以后成立,创始人在成立公司时都很年轻,平均年龄只有 30

表 6.1 美国和日本排名前 10 的高科技公司及其创始人

美国	年龄（2022年）	创立年份	创立时年龄	日本	年龄（2022年）	创立年份	创立时年龄
苹果公司（史蒂夫·乔布斯）	已去世	1976	21 岁	索尼公司（盛田昭夫）	已去世	1946	25 岁
微软公司（比尔·盖茨）	66 岁	1975	20 岁	任天堂公司（山内房治郎）	已去世	1889	30 岁
谷歌公司（拉里·佩奇）	24 岁	1998	49 岁	日立公司（小平浪平）	已去世	1910	36 岁
亚马逊（杰夫·贝佐斯）	58 岁	1994	30 岁	富士通公司（古河市兵卫）	已去世	1935	43 岁
特斯拉（埃隆·马斯克）	50 岁	2003	32 岁	佳能公司（御手洗毅）	已去世	1937	36 岁
脸书（马克·扎克伯格）	37 岁	2004	20 岁	松下电器（松下幸之助）	已去世	1918	24 岁
辉达（黄仁勋）	59 岁	1993	30 岁	京瓷公司（稻盛和夫）	已去世	1959	27 岁
博通（亨利·尼古拉斯）	63 岁	1991	32 岁	东芝公司（田中久重）	已去世	1875	76 岁
思科公司（莱昂纳多·波萨克）	69 岁	1984	33 岁	日本电气公司（岩垂邦彦）	已去世	1898	41 岁
甲骨文公司（拉里·埃里森）	77 岁	1977	32 岁	夏普公司（早川德欤）	已去世	1912	19 岁
成立以来的平均时间: 32.5 年				成立以来的平均时间: 104.1 年			

资料来源：CompaniesMarketCap.com,《福布斯》。

岁左右。相比之下，在日本排名前 10 的高科技公司中，没有任何一家是在近 40 年之内成立的。

由于阻挡效应，当劳动力变得老龄化时，年轻员工的晋升速度就会减慢。如表 6.2 所示，20 世纪 70 年代，日本大约有 32% 的经理年龄在 35 岁以下；而在 20 世纪 90 年代中期，这一比例下降了一半，只有 16%。20 世纪 70 年代，日本大约有 25% 的部门负责人年龄在 45 岁以下，而这一比例到 90 年代时下降了 2/3，仅为 8% 左右。这是劳动力老龄化所导致的，因为通常情况下，员工的晋升会基于工龄。当年龄结构呈现年长者多、年轻人少的倒金字塔形时，员工必须等待更长的时间才能晋升到高级职位，无法在年轻时就得到成为企业家所必备的锻炼和积累。当他们最终获得晋升时，即便拥有了成为企业家所必需的技能、财务以及社会影响力，也已是四五十岁的中年人，错过了创业的黄金窗口。

表 6.2 日本劳动力的年龄结构

时间	经理级别			部门负责人		
	<35 岁	35~39 岁	>40 岁	<45 岁	45~49 岁	>50 岁
1976 年	31.80%	31.90%	36.30%	24.50%	31.10%	41.40%
1984 年	18.30%	33.10%	48.60%	12.50%	37.30%	50.20%
1994 年	16.40%	23.50%	60.10%	7.60%	27.80%	64.60%

资料来源：日本厚生劳动省。

在过去的 30 年里，日本不仅没有出现创新型的新企业，而且现存的大公司在颠覆性创新方面也变得非常迟钝。类似的阻挡效应，同样在大公司内部发挥作用。为实现突破性的技术创新，大公司通常需要组建一个"创业项目部"，最好由 30 多岁的年轻人来负责。然而，在典型的日本企业中，30岁的员工通常只有较低的级别和技术能力，在公司中的影响力也不大，因此无法有效领导这些项目。鉴于这种情况，在一个老龄化的国家（或老龄化的公司）中，不仅创新型的新公司少，而且现有的大公司往往也会更趋保守，缺乏创造性。

因此，日本经济问题的症结是少子化引起的老龄化，对此没有更好的解决办法，只有提高生育率才能解决问题。日本政府不断加大鼓励生育的力度，近几年的生育率有所回升，目前在1.3左右，已经显著高于中国和韩国的生育率。

内部交流和聚集效应

再讲创新力中的内部交流和聚集效应。在制造业中，聚集效应是相关企业互相靠近的结果。高新技术产业的聚集效应，则是创新人才聚集的结果。当有创造力的人聚在一起时，这种效应可以产生化学反应。在夜晚的硅谷，餐馆和咖啡馆里坐满了身穿休闲装的工程师，他们热情洋溢地讨论着下一次的技术突破和创业机会。

由于无数高科技公司的地址如此接近，人们很容易在不同的公司之间流动。在硅谷企业中，员工的流动性非常大。如果一位工程师有创造性的想法，却不能得到公司的资金支持，他就可以带着想法加入其他公司，甚至可以在风险投资的支持下自行创办一家新公司。员工的高流动性，不仅促进了思想和创新的交流，而且能帮助创业公司快速找到人才。高流动性也降低了创业失败的成本，因为在这种环境中，人们很容易在创业失败后找到新的工作。至于高流动性的必要条件，则是一个地区能够聚集众多高科技企业。

此外，大城市不仅可以使人才与企业更好地匹配，而且可以为更多有不同学科背景的人才提供在一起工作的机会。近年来，互联网和软件领域的技术创新往往需要多学科合作，这就进一步增强了大城市的优势。对受过良好教育的年轻夫妇来说，大城市特别具有吸引力，虽然生活成本更高，但是夫妻双方都可能找到好的职位。

中国的创新也主要来自一、二线大城市。中国人口数量居世界前列，理应出现世界上人口最多的城市，所以尽管中国的人口不再增长，但大城市的人口可能还有增长空间。例如，上海的人口目前还不到 2 500 万，比东京的 3 700 万少。总之，政府应该积极地扩容大城市，平抑大城市的房价，让更多的年轻人能够在大城市安居乐业，充分发挥聚集效应，提升创新力。

对外开放和流动效应

最后讲人口模型中的对外开放和流动性的作用。创新力为什么依赖对外开放？因为创新活动的本质是站在巨人的肩膀上，这个肩膀就是全世界人类知识的结晶。如果只能接受本国积累的知识，那么这个巨人会矮很多，培育不出全球领先的创新力。这正是近代中国落后的原因，虽然当时中国与国外尚有一些贸易活动，但是科学知识和其他先进思想的交流却非常弱，几乎没有什么人员交流。其中一部分原因是路途遥远，另一部分是由于官方和民间自诩"天朝上国"的盲目自大和排外观念。二三百年前，当西方科学界已经研究物理和化学等现代科学时，中国精英对西方科学堪称一无所知且毫无兴趣。与中国近代的闭关锁国类似，历史上也有一些国家实行过贸易保护主义，结果都尝到了创新停滞的苦果。

国际交流不可替代性的根本原因在于，再大的国家，相对于世界还是很小。再多的国内人口，相对于世界人口还是少得多。而且远方的物产、商品和创意，往往更具有多样性或者启发性。例如，当哥伦布发现了新大陆以后，各种新的物种不仅提升了农业发展水平，也催生了博物学和进化论，还促进了天文和物理学的发展。因此，即使是人口大国，也必须抱着开放和虚心的态度向全世界学习。

有人说，当今学习先进的科学知识不再需要对外开放，只需要学习教科书就够了。这个观点最多也只能适用于一两百年前的经典知识，现在的科技创新迅速膨胀，书本上的知识只是很小一部分，很多知识出现在日新月异的学术文献里，更多则散落在互联网上的各个角落，以及全球科研人员的脑子里。因此，书本上的知识只是基础，还必须在互联网上获取全球信息，而且要重视跟全球科研人员进行深度交流的机会。总之，除了信息、贸易、投资的开放，更需要人员的开放与流动，尤其是鼓励外国人到中国来旅行、工作和定居，从而促进对外交流和提升创新力。

中国是世界上第一贸易大国，投资开放程度高，但是在信息和人员流动开放方面还有提升空间。尤其是人员流动方面，近些年每年来华访问的外国人数呈下降趋势，这和蓬勃发展的中国经济形成鲜明的对比。在政策方面亟待解决的一些问题包括签证便利度、支付便利度、上网便利度等。

总结一下，我们详细介绍了国家创新力模型，其推论是提升创新力的根本就是人口和开放。中国如果要维持人口规模效应或者避免人口结构极度老化，没有捷径，只有提高生育率。有人问，中国是否可以像美国、加拿大等移民国家那样，通过大量引进移民来解决低生育率问题？由于中国的人口基数比较大，历史上也不是传统的移民国家，所以不可能大量引进移民。同时，即便引进移民，也需要解决教育、医疗、房价等养育成本问题。

其实从政策角度来看，培育人口数量是最难的。难在何处？无论是提高生育率还是引进移民，都是一项综合工程。首先需要有高质量的教育，但学习负担不能太重；其次需要宜居的城市，但房价不能太贵；最后还需要向家庭倾斜的福利政策和其他方面的民生保障，这样才能让家庭愿意生更多的孩子。

文明的兴衰

我之所以如此关心创新，是因为创新是文明进步的关键要素。历史上，文明和创新的中心经过多次更替，其规律也可以用创新公式来解释：

$$创新力 = 人口数量 \times 人口能力 \times (内部交流量 + 外部交流量)$$

文明和创新的中心，往往是商品交换和思想碰撞最旺盛的地方。因此，创新中心总是位于商品和人员的流动枢纽核心。纵观历史，由于运输和通信的技术进步，这些中心的位置不断发生迁移。由技术进步引发的枢纽位置改变，可以用来解释包括西方崛起在内的主要文明兴衰。

3 000年前的原始航海技术时期，欧亚大陆的地理中心是埃及和中东。这两个地区成为最先进的文明和创新中心的家园，同时也是世界主要宗教的诞生地。后来，随着航海技术的发展，地中海成为商品和人员流动的高速通路。希腊和罗马位于地中海区域的中心，因此成为流动枢纽，也是当时的创新中心。

比较罗马帝国和汉代中国在同一时期的规模，罗马帝国的人口峰值约为8 000万，大于汉朝约6 000万的人口规模。人口为100万的罗马，也比人口为50万的长安大得多。因此，罗马帝国的人口最多、贸易量最大，是当之无愧的世界创新中心。

后来，罗马帝国和汉朝相继解体，进入四分五裂的状态，曾形成人口和贸易量都很小的诸多小国。在黑暗的中世纪，欧洲仍然分崩离析，贸易和交流受到阻碍。而中国在经历了一段时期的分裂后，终于在唐宋时期重新统一。据估计，唐朝人口为8 000万至1亿，宋朝人口估计有1.2亿，这比欧洲任何一个国家的人口规模都庞大。宋朝不仅有最大的国内市场，还与东南亚各国进行广泛的贸易。宋朝有20多个通商口岸，关税收入一度占财政收入的15%以上。当时中国在技术创新方面领先于世界，典型的例证是火药和雕版印刷术的广泛使用。

15世纪，随着航海技术的进一步发展，横跨大西洋不再是妄想。西欧位于大西洋与非洲和美洲之间贸易路线的前沿，重要的战略性地位使其成为世界中心。中国在15世纪的航海技术实际上更为先进，但还不足以跨越比大西洋更广阔的太平洋。可惜的是，中国的著名航海家郑和没能领先于欧洲探险家发现美洲大陆。再之后，中国皇帝奉行闭关锁国的政策，完全隔断了与外部世界的商品贸易和人员往来。

西欧在成为世界贸易中心后，位于该地区的国家竞相成为世界领导者。通常的模式是，短期内，小国可以取得新技术或组织形式的突破，发挥引领作用。然而，从长期看，大国会实现技术赶超，取而代之成为领导者。起初，仅有数百万人口的葡萄牙、西班牙、荷兰是领先国家，后来被人口数达千万的英国和法国取代，再后来又被人口更多的德国赶超。最终，人口超过一亿的美国取代了德国的地位。

第二次世界大战后，只有印度、中国和苏联的人口规模超过美国。此时1亿人口的日本异军突起，在创新竞赛中仅次于美国，位居第二，但受制于人口老龄化，日本很快被甩到了后面。俄罗斯继承了苏联的衣钵，但是人口只有苏联时人口的一半，而且生育率低，因此不具备与美国开展创新竞争的实力。即使以欧盟为例，欧洲国家由于语言和文化不同，迄今仍然不是真正意义上的单一市场。此外，许多欧洲国家特别是南欧国家，饱受严重的低生育率和人口老龄化之苦。因此，有机会与美国竞争的国家只剩下中国和印度。

时至今日，得益于现代通信和航空技术的襄助，跨国旅行也不过一天的航程，因此当今世界已经不存在自然地理中心的概念。竞技场上呈三足鼎立态势的国家分别是中国、美国和印度。相对于美国，中国具有人口规模的优势。美国的人口规模小于中国和印度，但美国具备能够吸引全世界人才的优势。印度的人口刚刚超过中国，但是直到20世纪90年代才实施经济改革开放政策，所以总体经济水平和中国还有20年的差距。在今后几十年，中国和美国将成为世界创新的领导者。但从长远来说，中国的人口规模会由于低生育率而逐步衰减，而印度得益于其人口规模，也会成为世界创新的一极。中国、美国和印度三个国家的人口之和接近世界人口的一半，如果中国、美国和印度都成为创新中心的竞争者，世界将会大大不同。当近一半的世界人口在创新的竞争中相互学习时，人类文明程度也将随之提升到新高度。

未来，大国的竞争是经济竞争，这与历史上的竞争完全不同。过去，竞争通常是一种零和游戏，国与国之间对领土和资源展开激烈的争夺，往往会导致冲突和战争。今天，在主要大国之间开展对创新和人力资源的竞争，已不再是零和竞争，因为创新不仅对创新者有利，对其他国家也会产生有益的影响。此外，对于人才的激烈竞争可以提高教育的投资回报，并且促使政府加大对人力资本的投入，因此会造就更多的人才。但是，这依然是一个高赌注的游戏，毕竟世界上只能有为数不多的创新中心。当一个城市或者地区成为某一领域的创新中心时，就会比其他城市更具活力，也更加富裕。资源和土地不再像以前那样重要，经济竞争将体现为创新的竞争和对人才的争夺。

大国的政策陷阱

在全球的创新竞争中，大国有许多优势，包括更大的市场、更多的人才、更大的城市。作为一种应对，小国则可以通过自由贸易区来构建更大的市场。欧盟就是这样一种自由贸易区，在欧盟国家之间，所有关于货物和劳动力流动的限制都被解除了。然而，由于文化、语言、法律法规的差别，以及其他的非关税壁垒，小国很难获得国内统一大市场的全部好处。即使在欧盟这样的单一劳动力市场上，文化和语言的差异也会妨碍劳动力自由流动，这与美国、中国和印度等统一国家有所区别。

一个国家拥有大量人口，有什么隐患吗？人口增长会造成自然资源短缺吗？前文论证过，自然资源已不再是现代经济最重要的制约因素。在发达国家以及包括中国在内的中等收入国家中，自然资源的价值占比不到全部经济的10%。在现代经济中，取得成功的关键是创新，丰富的自然资源禀赋有时反倒会起负面作用，即所谓的"资源诅咒"。大国拥有大型国内市场和庞大的人才库，这两者都是创新能够取得成功的关键。

那么大国真的可以"躺赢"吗？我在北京大学开设了一门课程，曾有一位博士生提问："梁教授，你一直告诉我，人口众多对创新有好处，但在商业世界中，为什么小公司反倒比大公司更有创新力？"我的回答是："如果你看一下专利的产出，很快就能否定这个问题的假设，实际上还是大公司比小公司更有创新力。"但在接下来的几天里，我一直在思索，虽然大公司一般更具创新力，但确实有许多初创企业在创新方面击败了大公司，很多大公司在跟进最新技术潮流方面不如小公司。比如，有一段时间，携程由于过度自满和过度集中而错失了很多创新机会。

同样，在国家层面，自满和过度集中，往往是大国施政的隐患。越是庞大的国家，越容易过于自信。清朝的乾隆皇帝在被问及实行闭关政策的原因时说，中国如此庞大，在领土内就可以得到所需要的一切。但他错了，因为外面的世界大得多，也有规模更大的人口。中国皇帝实施的闭关锁国政策，削弱了中国在创新方面的规模优势。这是过去的500年，中国在与西方的创新竞争中失败的主要原因。

另一个政策陷阱是过度集中。大国倾向于按照自上而下的方式,在全国范围内实施统一的政策法规。从效率方面考虑,这显然是一个优势。例如,如果欧盟是单一国家,那么一家在欧洲各国经营的企业,不用担心各个国家的不同税法。不过,实行统一的政策也有不利之处。第一,"一刀切"的政策可能不适合所有地区,每个区域的最佳政策可能有所不同。第二,政策的高度统一,会禁止不同政策进行足够的试验,不同地区之间也不易形成竞争。像中国这样的统一国家,应该允许在不同地区试行不同的政策。成功试行的政策将被其他地区模仿,居民也能迁徙到推行成功经济政策的地方。政策法规的适度自由竞争是有益的,完全"一刀切"的代价和机会成本很大。

比如,中国曾推行的"一刀切"计划生育政策,并不适合全国所有省份。在中国一些边远地区的贫困农业省份,其发展状况可能仍然处于马尔萨斯经济阶段,但大部分沿海地区如上海和广东等,同一时期却已经出现极低的生育率,与韩国和日本等发达经济体没有太大的差别。如果允许地方政府因地制宜实行不同的生育政策,那么富裕省份也许在多年前就可以结束"独生子女政策"。

最优的政策,应当在统一政策的高效率与区域政策的多样性之间取得平衡。大国应允许不同地区在经济政策上略有差异,比如允许试验一些新技术。而对有利于交流和贸易的一些制度与文化则贯彻统一,例如语言、度量单位等。中国自秦朝以后,就统一了文字和度量衡,内部交流的效率大大提高。但是秦朝以后,由于在文化和制度上过度集权减少了多样性,不利于创新。因此,大国的中央政府(或像欧盟和世界贸易组织这样的跨国机构），需要在统一性和多样性方面寻求最佳平衡。

大经济体的陷阱，也可能成为小经济体的机会。当一个大经济体设置贸易壁垒的时候，小经济体可以充当前者的窗口。例如，20世纪80年代，中国内地刚刚开始对外开放，内地希望与世界接轨，却还存在很多障碍，此时香港地区作为内地与世界连接的窗口，很快就变得繁荣起来。近年来，随着贸易壁垒的降低，香港地区的窗口作用自然降低了。

虽然大国可能犯政策上的错误，但是在同样的条件下，人口规模是基础性优势。大国拥有人才和市场优势，可以培育出巨型的创业公司和完整的供应链。大国可以集中财力完成太空探索和高铁等巨型项目，大国还有很多充满活力的大城市，可以吸引全世界的人才和资金。不出意外的话，未来世界创新领先者的争夺，将在美国和中国这样的人口大国之间进行。

中美科技竞赛

得益于巨大的人口规模，近年来中国的创新力突飞猛进，在一些创新力指标如专利数和论文数方面已经接近美国，甚至在高铁、光伏和新能源汽车等领域已经领先世界。但是中国创新的隐患也是人口数量，因为中国近年的新出生人口出现了断崖式下降。而美国的优势则在于其持续吸引全球人才的能力。我们可以用创新力模型来量化预测中美科技竞赛的走势：

创新力 = 人口数量 × 人口能力 × （内部交流量 + 外部交流量）

美国的外部交流量略强于中国,而中国的内部交流量略强于美国。因此,归根结底是人口数量和人口能力的竞争。中国的人口数量是美国的4倍,但是中国的人口正在迅速老龄化。比较中国和美国2040年的人口结构预测,可以看出,中国的人口结构呈现明显的倒金字塔形(见图6.1)。

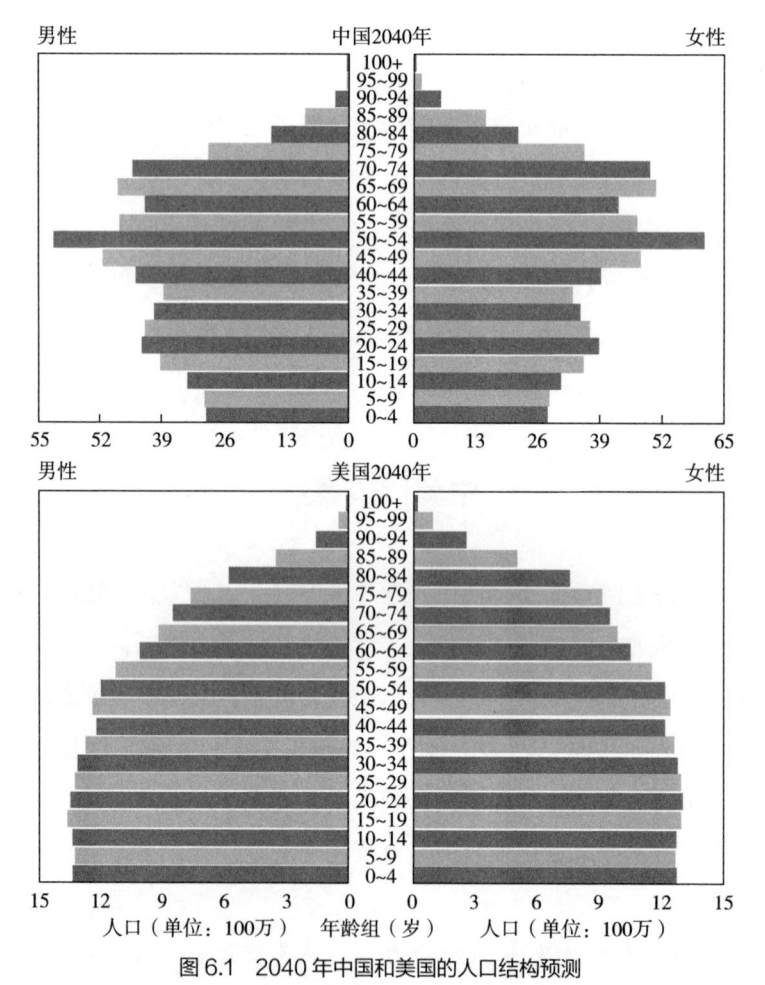

图6.1 2040年中国和美国的人口结构预测

资料来源:美国人口调查局。

考虑到中国人口老龄化的负面效应，我们只比较两国的中青年（25~44岁）中受过高等教育的大学生数量。另外，美国顶尖人才的质量比中国高，原因是美国的顶尖人才不局限于本土，而是来自全球更大的人才池，我们可以称其为"外来天才"效应。美国每年吸引几十万留学生和高技术移民，这些人对美国的贡献有多大呢？如何把这部分对美国人才的质量提升进行量化呢？其实也不难，因为从各种统计来看，这些高技术移民贡献了差不多一半的顶尖科学家和企业家，所以可以粗略推断，移民把美国的人才质量提升了一倍，或者把可用的人才池扩大了一倍。

把美国受过高等教育的中青年人口数量扩大一倍后，将其和中国受过高等教育的中青年人口数量进行比较（见图6.2）。

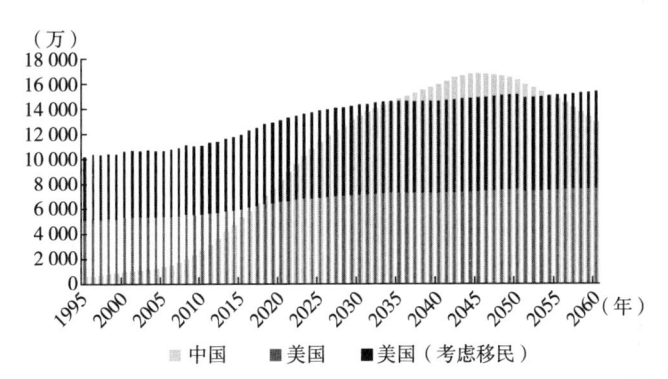

图6.2 1995—2060年中美两国25~44岁人口中拥有大学以上学历的人数
注：2020年之后的数据，根据公开资料预测得到。
资料来源：中国国家卫生健康委员会，中国国家统计局等。

图6.2显示，中国现在的总体人才规模和创新力还是弱于美国，但在2025年之后会赶超美国，并在2045年前后到达顶峰，超过美国约20%。但在那之后，中国就会被少子化和老龄化拖累，到2055年前后甚至可能被美国反超。

要避免这种长期的竞争劣势，现在必须出台鼓励生育的政策来扭转持续走低的生育率。令人担忧的是，中国的新出生人口在过去 7 年出现了断崖式下降，从 2016 年的 1 800 多万下降到了 2022 年的 900 多万。

中国的生育率将是世界最低？

更加令人担忧的是，这还不是底部，中国的生育率可能继续走低，成为世界上生育率最低的国家。已经有越来越多的数据开始印证上述预测。首先，中国人的生育意愿比日本和韩国低得多。根据原国家卫计委在 2017 年进行的全国生育状况抽样调查数据，2006—2016 年，中国育龄妇女平均理想子女数为 1.96 个，而育龄妇女平均打算生育的子女数为 1.75 个。根据 JGSS（日本综合社会调查）和世界银行的调查数据，2000—2012 年，日本人平均的理想子女数为 2.41~2.60 个。根据 KGSS（韩国综合社会调查）和世界银行的调查数据，2006—2014 年，韩国人平均的理想子女数为 2.45~2.55 个。可见，中国人的平均生育意愿显著低于日本和韩国。

面对这些冰冷的数据，有些学者觉得难以置信：中国人怎么突然成了全世界最不想生孩子的人？根据我近几年的研究，中国生育率降至世界最低水平并不奇怪。中国生育率下降的最主要原因是现代化和城市化的大趋势。但同样是现代化和城市化，为什么中国的低生育问题比所有发达国家都更加严重呢？除了中国曾实行限制生育的政策，还有以下三个原因使中国的生育率比其他国家低。

第一，中国大城市的房价相对于收入是最高的。中国的房价收入比超过20，是发达国家平均水平的两倍左右，尤其是大城市的房价收入比更是非常高。比如，Numbeo（发布全球国家和城市数据的数据库）的数据显示，深圳房价收入比达到40，也就是说，对于深圳的普通家庭来说，就算全家不吃不喝也需要40年才能买得起一套房子。中国大城市的房价收入比伦敦、纽约和东京等国际大都市要高出两三倍，如此夸张的高房价，极大地压抑了城市夫妇的生育意愿。

第二，中国小孩的教育压力和成本也是最高的。中国独特的高考制度，导致家长不得不为此消耗高昂的费用和精力，同时庞大的补课产业使中国的育儿成本相对于收入也是最高的。上海社会科学院城市与人口发展研究所的调查研究显示，在上海养一个孩子从出生到上初中要花约80万元，远超发达国家抚养一个孩子的成本，而中国的人均收入只有发达国家平均水平的1/3，可见教育支出的压力有多大。

第三，中国的生育环境远不如发达国家友好，在产假制度、托幼机构以及女性平权等方面，还有很多短板需要补齐。就拿托幼机构举例，相对于发达国家，中国严重缺少托儿所。国家卫健委2021年的数据显示，0~3岁婴幼儿在各类托幼机构的入托率仅为5.5%，远低于一些发达国家50%的比例。

从以上分析可以得出结论——中国大城市中的养育成本为世界最高。育娲人口研究发布的《中国生育成本报告2022版》估计，中国养育一个孩子到18岁的平均成本大约是50万元，一线城市大约是100万元，养育成本相对于收入而言几乎是世界最高的，大城市更甚。这也导致了中国大城市的生育率为世界最低，北京和上海在2020年的户籍人口生育率只有0.7左右。

中国在 2022 年的生育率只有 1.05，在世界范围内只有韩国的生育率比我们低。如此低的生育率，意味着每代人口会减少一半。我们已经多次论证，人口的急剧萎缩，将意味着规模效应和创新能力的持续弱化，进而导致综合国力衰退。因此，为缓解未来的低生育率危机，中国应尽快放开限制，并推出一系列强有力的鼓励生育的政策。

这些政策的核心是各种现金补贴、减税补贴、房贷补贴等，还要出台各种配套的对生育友好的政策，例如建设托儿所、男女平等的产假、开放外国保姆、辅助生殖和平等对待单亲家庭、鼓励混合办公等相关政策。提供生育福利大概需要花费 GDP 的 2%~5%，才会产生显著的效果。这个力度略高于鼓励生育比较成功的北欧国家，北欧国家鼓励生育的支出占 GDP 的 1%~3%。因为中国的低生育率问题更严重，所以需要出台比其他国家力度更大的鼓励生育政策。当然还有最难的教育改革，只有重塑现有的高考和中考制度，才能扭转超低的生育率。

这些政策改革难度都很大，需要全社会达成共识才能推行。其实每年拿出 2%~5% 的 GDP 来鼓励生育，可以看作一种长期投资，20 年后就会产生回报。因为更多的出生人口，20 年后将成为年轻劳动力，所以对于现在的中青年来说，20 年后就可以获益；对于老年人来说，这可能意味着某种牺牲，但这是为了后代和社会，换句话说是为了文明传承。

生育福利的政策建议

下文列举一系列鼓励生育政策的建议，其中最重要、花钱最多、收效最大的，要数真金白银的补贴政策。

现金、购房和税收补贴

由于不同地区和人群之间存在很大的收入差距，我建议个人所得税减免和现金补贴的方式并重，对高收入家庭通过孩子数量抵税的方式减免个人所得税。由于收入较低者不需要缴纳个人所得税，所以减免税收未必适用于低收入家庭，可以对这些家庭直接发放现金补贴。

根据经济合作与发展组织的数据，2017年部分发达国家现金补贴家庭福利的金额占GDP的比重如下：英国2.12%，法国1.42%，瑞典1.24%，日本0.65%，韩国0.15%。可以看出，欧洲国家现金补贴占GDP的比重远高于日本和韩国，这也是欧洲国家生育率普遍高于日本和韩国的原因之一。

可以在借鉴这些国家经验的基础上制定补贴政策。对于二孩家庭的每个孩子，给予每月1 000元的现金补贴。对于多孩家庭的每个孩子，给予每月2 000元的现金补贴，直至孩子满20岁。对于二孩家庭，实行所得税和社保减半，三孩家庭所得税和社保全免除（对于特别富裕的家庭，可以设定一个封顶补贴的上限）。

高房价是制约育龄夫妇生育孩子的重要因素。尤其在大城市，生活成本高主要是由于房价高，其他的衣食行并不比小城市贵多少，教育成本如果只涉及公立教育也不会贵多少。因此，在大城市里，养育的高成本主要体现在房价上，这是大城市的生育率低于小城市的重要原因之一。根据第七次全国人口普查的数据，2020年全国总和生育率为1.3，其中上海和北京的总和生育率分别仅有0.74和0.87,而山东、河南、江西等地的总和生育率为1.4左右。因此,如果要减轻育儿家庭的负担,除了现金和税收补贴之外,还需要对多孩的家庭实施买房补贴政策,具体方式可以通过按揭利息返还或房价打折进行补贴。比如,返还二孩家庭房贷利息的50%,对于三孩家庭的房贷利息可以全部补贴返还。或者在高房价的地区实施一孩房价九折,二孩房价七折,三孩房价五折的政策(不超过一个封顶补贴的上限)。这部分补贴的成本,可以通过增加人口流入地区和大城市的住房土地供应来覆盖。

以上几项是最重要的鼓励生育的措施,总共需要的财政投入占GDP的2%~5%,能够大幅降低养育成本,有效提升生育率。我针对各国鼓励生育的力度和生育率进行过相关分析,结果显示,如果平均拿出1%的GDP用于鼓励生育,生育率就会提升0.1,当然这只是相关性,只能支持而不是证明鼓励生育有效。但也并没有数据支持鼓励生育没有效果。一些北欧和西欧国家出台了慷慨的鼓励生育政策,同时获得了比较高的生育率。例如,法国和瑞典都拿出了GDP的3%~4%鼓励生育,它们的生育率也在1.8~1.9,接近更替水平。相比之下,南欧国家鼓励生育的力度普遍只有GDP的1%~2%,生育率则普遍低于1.5。近几年,德国加大了原来偏低的鼓励生育力度,生育率也有所提升。

由于中国的生育成本相对于收入要比绝大多数发达国家高,与生育率最低的韩国差不多,所以中国如果希望把1.1的生育率提升到发达国家1.6的水平,就需要推出力度更大的鼓励生育政策。相当于GDP的5%的财政投入,差不多可以把生育率提升到1.6左右。虽然离更替水平还比较远,但至少可以极大地缓解低生育率的问题，避免比发达国家更加严重。

家庭和女性友好政策

除了以上真金白银的鼓励政策之外，还要推出一系列减轻女性养育孩子的时间压力的措施，来缓解女性职业发展和养育孩子的时间矛盾，其中包括增加托儿所、男女平等的产假、引进外国保姆、允许辅助生殖技术、保障单亲家庭福利、灵活办公模式等。

增建托儿所

根据世界银行的数据，2019年中国15~64岁的女性劳动参与率达到68.6%，而世界平均水平为52.6%。中国的女性劳动参与率比较高，因此当前中国很多夫妻都是双职工。大量年轻人不敢生育二孩、三孩的主要原因之一是，看护孩子的时间和精力成本高，尤其体现在孩子入托、入幼、入学困难上，特别是严重缺乏未满3岁孩子的托儿服务。国家卫健委2021年的数据显示，0~3岁婴幼儿在中国各类托幼机构的入托率仅为5.5%。建议把0~3岁孩子的入托率提高到50%左右。要实现这一目标，政府有必要直接或者牵头兴建约10万个幼托中心。

提供男女平等的育产假

如果仅延长女性育产假，不可避免会导致企业不愿意招聘女性，从而加剧女性在就业市场中遭受的性别歧视。为了减轻职业母亲生育小孩的后顾之忧，政府应承担产假期间的用工成本。另外，建议出台男女相对平等的育产假政策，这将有利于保障女性在就业和职业发展上的权益，纠正就业上性别歧视的现象。

引进包括外国保姆在内的外国劳工

对于职业女性来说，即便增加育产假和托儿所，看护小孩还是要付出很多时间和精力的，甚至需要通过雇用保姆来帮忙做家务。但在中国城市，雇用全天看护孩子的高价保姆，已经超出了很多城市白领的经济承受能力。例如，上海有经验的保姆月工资已经上万元，雇用来自东南亚国家的保姆花费就低得多。

推广灵活办公模式

在家办公和混合办公模式不仅不影响效率，而且有更高的满意度。更重要的是，在家办公可以让家长有更多的时间陪伴小孩，减轻本来很重的育儿压力。收益最大的是职业女性，可以更加灵活地分配时间，更多地陪伴小孩和家人，从而更好地平衡家庭和工作。推广混合办公模式，可以缓解职业女性的焦虑，减少职业发展和育儿压力之间的冲突，进而提高育龄女性的生育意愿。

保障单身女性的生育福利

中国仍然存在不少歧视非婚生育的政策。很多地方规定新生儿上户口需要向公安部门提供出生证明、结婚证等相关资料。未婚妈妈或者离异后生育的女性，因为没有结婚证，所以无法在孩子出生后为其办理户口。因此，有必要废除歧视非婚生育的政策，充分保障非婚生子的合法权益。另外，上文提到的各种生育福利，包括现金、税收和住房补贴等，都应该一视同仁地适用于单亲家庭。

允许辅助生殖技术

我国有不孕不育问题的夫妇比例正在不断提高。另外，现代职场女性要兼顾学位、事业和家庭，精力和时间往往不够用。高学历的女性倾向于推迟结婚或者选择单身。对于30多岁还未结婚的女性来说，有些人也需要生育技术的帮助，如冻卵和人工授精，来实现有孩子的愿望。中国人出于伦理的风险，对辅助生殖的技术还有一些限制，但从长远来看，这可能是减轻妇女怀孕负担、提高生育率的一个方法。建议逐步开放冻卵、人工授精等辅助生殖技术，并可以考虑将部分费用纳入医保范围。

教育改革（减少高考"内卷"，缩短学制）

除了财务成本，中国家长为孩子升学所投入的金钱和精力，几乎是世界上最高的，这也是生育意愿低下的主要原因之一。从数据上来看，亚洲发达国家如韩国、新加坡、日本的生育率，平均比欧美国家低0.5，该结果与这些国家巨大的考试和升学压力直接相关。中国独特的高考制度，使家长的教育压力一点也不比这些国家低,有统计认为,中国学生的补课和学习的时间是全球最多的。因此,降低升学和择校的压力,会对中国的生育率有巨大的提升,其作用可能比前面所提的任何一项单独降低成本的措施都要大。但我之所以把教育改革放在最后,是因为教育改革不仅与金钱有关,而且牵涉各方利益,制度设计极其复杂。

短期来看,比较容易实行的改革方案是取消中考和缩短学制,取消中考并且将中小学阶段的时间从12年缩短到10年,以减轻社会和家长的抚养压力,也可以让年轻人毕业后有更多的时间成家立业。尤其是对于高学历的女性,多了两年的时间,就有更多的时间谈恋爱、组织家庭、兼顾职业发展。

长期来看,应该普及大学通识教育,淡化高考,把大学毕业考或者考研作为主要的筛选考试。延后分层考试,这样可以缓解高考复习的压力,从而减轻学生和家长的负担。大学教育普及化和通识化,也有利于缓解贫富差距。上述改革非常大胆前卫,但是教育体制不仅是导致低生育率的原因之一,还造成了巨大的社会浪费和人才流失,所以教育改革必须知难而上,并把教育制度的改革作为人口战略的重要组成部分。

小　结

　　本章立足于创新力模型，分析了国家可以实施哪些政策来促进创新力。在对外开放方面，除了信息、贸易、投资的开放，更需要开放人员流动，尤其是鼓励外国人到中国来旅行、工作和定居。在内部沟通方面，积极地扩容大城市，以平抑大城市的房价，让更多的年轻人在大城市安居乐业，充分发挥聚集效应，进而提升创新力。更核心的任务是，秉承创新和传承的理念，推出各种鼓励生育的政策，建设生育友好型社会，提高生育率，防止人口规模崩塌和人口极度老化。

第七章

企业如何培育创新能力

虽然基础科学的创新仍然主要来自大学和科研机构，但绝大多数科技创新已经逐渐由企业完成。很多大企业现在不仅实现了科学成果的商业化，而且直接进行基础的学术研发。2022 年全球研发资金投入前十的企业包括谷歌、脸书、微软、华为、苹果、三星、大众、英特尔、罗氏、强生，谷歌每年的研发投入高达 300 亿美元，有些研究比大学更为前沿。[1]生成式人工智能技术近年来的巨大突破，也源自谷歌人工智能部门几年前一篇关于 Transformer 模型①的论文。

　　不容忽视的是，创新能力的强弱直接决定企业的成败。这些研发投入力度最大的公司，同时也是最具创新力和最赚钱的公司。因此能否持续保持创新力，成为企业能否长盛不衰的关键。

　　虽然创新力对于企业的成败很重要，但是由于创新本身具有不确定性，可总结的前人经验不多，也很难形成体系。比较经典的是管理学大师彼得·德鲁克在 1985 年所著的《创新与创业

---

① Transformer 模型是一种基于自注意力机制的神经网络模型，用于处理序列数据。

精神》[2]，还有克莱顿·克里斯坦森所著的《创新者的解答》[3]和《创新者的窘境》[4]。这些书介绍了大企业创新策略的陷阱，其中主要的结论之一是，颠覆性创新需要企业设立独立的部门才能避免官僚体制的拖累。本章从创新主义的理念和创新力模型的角度来分析企业的创新战略。

可以把国家创新力模型延伸至企业层面：

创新力 = 人口数量 × 人口能力 × （内部交流量 + 外部交流量）

企业的创新能力取决于研发人员的数量和质量，以及内部交流量和外部交流量。我们首先关注研发的人才数量和质量。也就是说，在其他条件差不多的情况下，研发投入越多，创新力越强。但是，研发投入导致的成本增加，可能会跟利润产生矛盾。因此，该如何平衡研发投入和利润的关系呢？

企业的追求：是利润还是创新

根据传统的观念，企业的目的是追求最大的利润。但是根据创新主义的理念，企业的目的是创新。这两种目的矛盾吗？经济学中，企业的利润来自资源或者产品的稀缺性。只有少数国有企业可以通过行政手段垄断资源，所以绝大多数企业的利润来自产品的稀缺性，也就是创新。因此可以说，以创新为目的或者以利润为目的并不矛盾。当然，这种创新不仅指新产品和技术，还包括与营销生产等相关的创新。

那么，以利润为目的和以创新为目的到底有何不同？以创新为目的，其实和追求利润并不矛盾，因为强调创新有利于提升长期的利润。有些创新可能在短期内难以被商业化，或者暂时并不能获利，但只要能为客户创造净价值（扣除成本后），长远来看总能获得回报。这就是互联网时代常说的流量优先，只要提供了独特的内容，随着客户对此产生黏性，变现就是早晚的事。反之，如果过早以利润为导向，而不是聚焦持续创新，即放大客户价值，那么早晚会被新进入者赶上甚至超越。短期的利润很快会随之消失，反而会影响长期的利润和市场地位。

以创新为目的的另一层含义是，不做同质化的价格竞争。在考虑是否进入一个新市场时，不能只基于这个市场的利润率，而应该考虑能否抓住创新的机会，即在某些方面做得比现有对手更好。这种不看利润只看创新的市场进入策略，也是符合经济学规律的。如果参与同质化竞争，非但不增加社会价值，而且很可能引发价格战，并导致大幅亏损。只有通过创新才能真正弯道超车，从先进入的公司手里抢到长期利润。

企业不以利润为目的并非离经叛道，其实很多公司的愿景都是比利润更高的追求。例如，阿里巴巴的愿景是"让天下没有难做的生意"，携程的愿景是"追求完美旅程"等。企业设定这些愿景的意义在于，让公司关注长期的客户价值。只要保有创造客户价值的独特能力，利润自然就会滚滚而来。而创造价值的独特能力，一般只能来自创新。

华为是中国最具创新能力的公司之一，2022年研发投入达到1 600多亿元，约占其收入的1/4。早在20多年前，华为就投入巨额资金进行通信产品的研发。同期的一些高科技公司（如联想），则采取了更加追求短期利润的策略。华为之所以能够不惜成本地投入研发，有人认为原因是华为并非上市公司，不需要每个季度向股东汇报利润。因为没有了短期利润的压力，就能以创新为目的进行更长远的技术研发。

企业战略和创新

所谓企业战略，其实就是企业分配稀缺资源的大方向。创新型企业最宝贵的资源，则是研发或者创新能力。因此，最重要的企业战略，就是如何分配研发资源，或者指明创新的方向。创新的可能性近乎无限，而企业无论规模多大，其研发资源终究有限，所以就必须有所取舍。企业战略其实是一种取舍的准则，为分配创新资源提供了方向和优先级。

在某个方向持续投入研发和创新，可以形成独特的核心竞争力，在某些方面获得战略优势或者叫作"护城河"，并在市场上形成口碑和品牌，吸引一批忠诚的客户。这种长期的核心竞争力，也是稳定利润的来源。例如，携程的核心战略之一就是专注提供可靠的旅行服务。携程从初创开始，每年都投入大量资源进行研发，用于优化服务流程，经过多年的不断创新，形成了良好的口碑，拥有大量注重服务质量的忠诚客户。因此，企业战略可以帮助企业分配稀缺的研发和创新资源，从而在某个维度建立核心竞争力，或者说某种持续创造客户价值的稀缺能力。

但也不要过度迷信企业战略的作用。因为创新的机会终究难以确定，尤其是足以颠覆性改变行业的大创新，不可能提前很多年就被预测到。几年前定的企业战略，很可能会被新的技术变革所颠覆。比如，曾是世界500强的柯达，就因为没有跟上数字照相机的步伐而衰落。因此，企业战略并非创新成功的保证，企业还是需要增强自身的创新力，紧跟技术发展的步伐，及时调整战略和创新的方向。

有时候，调整战略和创新方向很痛苦，因为需要组织机构的重塑。这种调整也可能意味着高风险，毕竟没人能保证新的方向注定成功。比如，即便当年的柯达全心投入数字照相机技术，谁敢保证它一定能成功？此时，企业家（创始人）的作用就会凸显，因为创始人往往比职业经理人更具承担风险的能力，拥有更强的影响力和执行力。当然，即使创始人做出决定也不能保证成功。从宏观来看，企业创新不一定能成功是好事，只有这样才能让新企业勇于颠覆老企业。

企业的战略必须重塑来应付颠覆性创新。颠覆性创新是指一些改变行业格局的重大创新，如移动互联网。从数据上来看，初创企业更能抓住颠覆性创新的机会，比如现在最大的移动互联网平台几乎都是初创企业。亚马逊颠覆了线下书店巴诺书店，携程完全颠覆了传统旅行社。

《创新者的窘境》这本书解释了大企业为何往往错失颠覆性创新的机会。主要是因为传统大公司通常是现状的既得利益者，也就是说，它们能从现有的生态系统中获益，而颠覆性创新将会破坏现状，危及它们的既得利益。例如，巴诺书店的高级管理者没有要做"最好的网上书店"的远见，当他们面临亚马逊的激烈竞争时，才创建了一家网上书店作为应对。

在决策机制上，大公司的组织和流程有时会成为羁绊。为了风险控制和效率，大公司的很多职能部门比如人事、财务等都会集中管理。因此，大公司中的一个新业务部门，如果要利用公司的资源，必须经历一系列标准流程，通过很多审批，导致决策过程被拖慢。如果大公司要探索颠覆性创新，就可能需要建立一个相对独立的业务部门，确保一些决策的审批可以"走捷径"，而一般只有公司的最高领导才有可能成功推动。

除了没有既得利益和官僚体制的羁绊之外，初创企业的另一个优势是强大的股权激励机制。只有当创新者的经济利益和股东的长期利益一致时，创新者才会进行适当的冒险去换取商业成功。如果只是渐进性创新，因为其结果相对容易预测，大公司也能设计有效的激励制度去鼓励创新。但颠覆性创新在本质上不可预测，也就不太可能预设有效的激励制度，所以颠覆性创新往往出现在新创办的企业。经济学中的企业边界理论，试图解释经济体中存在大大小小的各种企业的意义。从创新主义的分析框架来解释，一家新企业可能代表对于一种颠覆性创新的探索。对于大企业来说，过去的成功创新不一定是优势，也可能成为累赘，尤其是当新的创新方向具有足够的颠覆性时。

当然，大公司在资源和人才方面还是具有很多优势的。如果企业家有能力发现创新机会并具备坚决执行的魄力，再加上组织高效的业务部门，就能既利用大公司的资源，又不受官僚体系的羁绊。同时，还需模拟初创企业的强激励，设置类似股权激励的制度。这些当然都不容易做到，但只要能做到，大公司就有机会实现颠覆性创新。在这方面并不算多的成功案例中，腾讯通过推出微信成功把握了移动互联网的历史性契机，其中微信的创造者张小龙是第一功臣，但也离不开腾讯首席执行官马化腾的充分放权和远见卓识。

组织结构

根据创新力模型——创新力 = 人口数量 × 人口能力 ×（内部交流量 + 外部交流量），企业创新能力除了关乎人才的数量和能力之外，还取决于外部和内部的交流。由于企业比国家小得多，内部交流的天花板不高，所以外部的交流尤其重要。外部交流包括同行交流和上下游交流等。企业外部交流的行为，在很大程度上由其组织机构决定。

分析组织机构的一个重要维度，就是集权和分权。集权制中，决策权更多集中于总部甚至老板一人。很多职能如财务、人事、营销、服务、采购等，都由总部集中管理。与之相比，分权制中的业务部门拥有较大的自主决策权，各个业务部门往往有自己的职能部门如财务和人事等，更像若干个五脏俱全的小公司。

分权和集权的组织各有优劣。一般来说，集权制的执行效率更高，因为决策权集中于少数几个人，一旦定下目标，命令可以很快从上到下得到执行。营销等部门在集中管理后，会产生更大的规模效应，可以共享很多职能，实现成本的降低。但缺点是研发部门和外部沟通的中间环节比较多，链条比较长。比如，客户的反馈要经过总部的营销和服务部门；再如，供应商的反馈要经过总部的采购部门。这也意味着，客户或者供应商的需求都需要更长时间才能被反映到研发和产品设计上。

集权制结构如图 7.1 所示。

客户→基层服务经理→总部客服领导→总部研发领导→部门

研发人员。

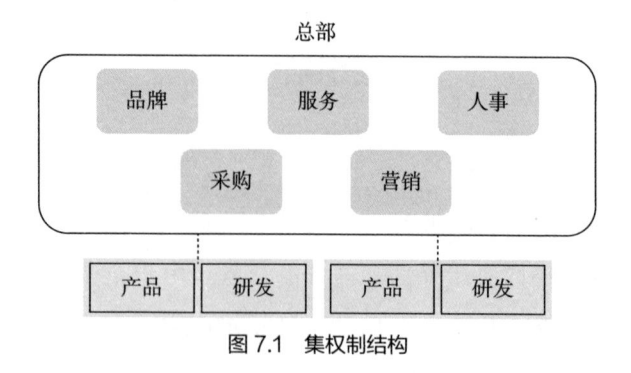

图 7.1　集权制结构

分权制结构如图 7.2 所示。

客户→部门服务经理→部门研发人员。

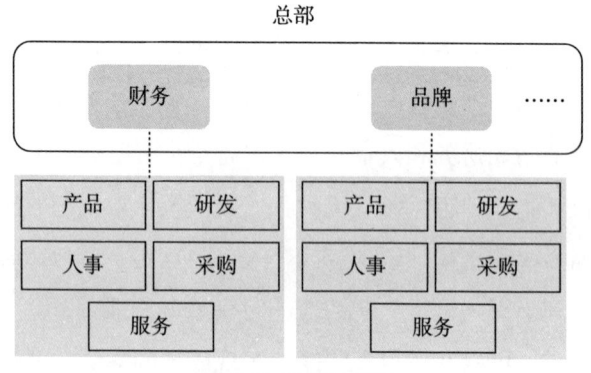

图 7.2　分权制结构

另外，由于决策权集中于总部的少数人，基层人员一般只有执行职能，会逐步丧失思考和决策的主动性。

分权的缺点是成本比较高。如果每个业务部门都像一个小公司那样，拥有自己的人事、财务、研发、营销、服务等部门，成本显然会变得比较高，因为各业务部门必然存在重复职能。此外，如果要在各业务部门之间进行协调，效率就会比较低。好处则是各业务部门离客户更近，能够对市场变化做出更快速的反应，并且让基层员工更具主动性。

从创新角度来看，如果整个行业正在面临快速的变化，那就存在很多创新机会。这时分权就会比较有利，因为可以发动各业务部门的能动性，较快地抓住创新机会。相反，如果行业的创新机会不多，那么集权更有利于降本增效。

下面我以携程为例来探讨集权/分权和创新的关系。

1999年，我和朋友合作创办携程，一直经营到2006年。通过一系列创新，携程迅速成长为中国在线旅行市场的领导者，并实现了规模化盈利，成为一家市值达数十亿美元的上市公司。我坚信携程的良好业绩将会持续下去，就在2007年辞去了CEO职位，前往斯坦福大学攻读经济学博士学位。2012年毕业后，我成为北京大学的一名教授，继续从事人口和创新方面的研究。然而，在我缺席的几年里，旅行市场上出现了很多新的竞争对手。在与初创型小公司的竞争中，携程创新乏力。从2009年开始，携程逐渐失去市场份额，盈利能力遭受重创，2012年市值已经跌至20亿美元。

情况变得如此糟糕，董事会要求我再次掌管公司。因此，2013年我重返携程，试图扭转公司的状况。实际上，携程的创新困境与其他大公司遇到的问题是相似的，那就是公司变得自满和保守。此外，为了降低成本，携程的组织机构过于集中，创新想法往往被淹没在官僚机构和流程中。恰逢其时，中国正在经历移动互联网革命，出现了很多创新机会。过分集权的组织结构，拖累了携程的创新速度。

为了促进创新，我将公司分散成许多业务单元。每个业务单元都有自己的研发、产品、服务和分销功能，而总部只负责品牌、融资、投资和战略关系。在分权制下，各个业务部门在开发新产品方面变得更加敏捷，灵活性和创新性得到了大大提高。经过一年多的组织调整，携程被成功塑造成一站式服务的移动旅行平台，在很多领域的创新力超过了规模较小的竞争对手。在不到3年的时间里，携程再次成为市场上的领导者，拥有超过200亿美元的市值，成为中国最成功的互联网公司之一。

外部采购策略

外部交流的强度，还取决于企业的采购策略。总的来说，越是开放的采购和合作策略，就越有利于外部交流。有些企业的所有零部件，主要由固定的长期供应商或者控股子公司完成，实现所谓的"垂直整合"。这样就减少了很多沟通成本，似乎短期效率更高。但如果一个行业出现很多创新机会，这种模式就容易导致反应迟钝。反之，如果采用开放的采购策略，即让很多供应商来竞争，那么就会比较灵活。这么做的代价是，当存在很多供应商时，连接和沟通的成本会比较高。为解决这个问题，有时可以采纳一个开放的标准，以降低和很多供应商的连接成本。比如，手机厂商不需要自己去开发手机App（应用程序），这是因为存在安卓等系统标准，第三方应用厂商完全可以基于操作系统标准来开发应用。

历史上，日本企业往往更喜欢从成本和效率的角度搞垂直整合，比较封闭地与少数几个固定供应商进行交易，或者干脆都由自己的子公司做，而非提供一个开放标准允许更多企业参与创新。在行业变化速度不快的时候，这种做法具有降低成本的好处。但是在智能手机等快速发展的行业中，这种策略往往会拖累创新。例如，早在 2001 年，日本电信巨头 docomo（都科摩）的 i-Mode（无线互联网服务）就推出了智能手机和封闭的移动互联网服务（有点类似于美国在线），但由于采用了封闭系统，其创新迭代速度缓慢，后来败给了基于开放操作系统和移动互联网的苹果和安卓手机（与美国在线的结局类似）。

另一个失败的垂直整合案例，是以 DEC（美国数字设备公司）为代表的小型计算机企业。20 世纪 70 年代和 80 年代，DEC 曾是仅次于 IBM（国际商业机器公司）的商用计算机公司，但 DEC 所有的操作系统并非开源，大部分软件应用都由自己开发。这些小型计算机公司一度非常成功，除了 DEC 之外，还有 Data General（数据通用公司）、王安电脑公司等，都采取了类似的封闭经营策略，但后来都败给了基于开放操作系统 Unix 和开源操作系统 Linux 的对手。

开放操作系统胜出的原因是，开放平台上的硬件和软件竞争非常激烈，使硬件成本相对更低，同时也使软件和应用产业十分繁荣，以 DEC 为代表的封闭型计算机公司很快就被淘汰了。归根结底，基于开放操作系统的创新网络具有更强的交流性和参与度，更加有利于快速创新。

有意思的是，这些失败的小型计算机公司如 DEC、王安电脑公司等大多在波士顿附近，而基于开放的公司大多在硅谷。这部分解释了为什么后来的 IT 创新中心是硅谷而非波士顿。其实 30 年前，拥有麻省理工学院等名校的波士顿区域在各方面都不比硅谷差，而且当时还有 DEC、王安电脑公司这样的明星公司。但垂直整合和相对封闭的经营策略使这些公司纷纷失败，而硅谷企业往往拥有更加开放的策略和文化，最后成了赢家。我的第一份工作就在硅谷，就职于当时基于 Unix 开放系统的数据库甲骨文公司，公司里很多技术骨干都是从波士顿搬到硅谷的 DEC 的前工程师。

现在的硅谷开始拥抱更高一级的开放系统，那就是免费的开源软件。开源软件网络很像前文说的学术网络，创新参与者并不只是为了赚钱，也为了名誉和好玩。因为免费，所以开源系统里的任何人都可以参与贡献，只要符合一定的规范和标准。这样的开源网络调动了最广泛的创新者，未来很可能成为系统软件开发的主流。就连昔日的数据库之王甲骨文，也面临被开源数据库淘汰的风险。

全球视野和文化差异

在对外交流的理念上，要虚心学习和借鉴全球的经验与教训。无论是捷径还是弯路，之前可能都已被无数国际同行走过了。有人说，中国的国情和文化不一样，不能借鉴外国的经验。我无法苟同，我们不应该把"中国文化不一样"当作不求甚解的借口。

我先讲一个宏观政策的例子。十几年前，中国还在实行独生子女政策，当时我曾批评这个政策，但很多人口学家的借口就是中国的文化不一样。最常见的说法是："中国向来有多生孩子的独特文化，一旦放开，中国人就会生很多孩子。"这就是典型的不求甚解的结论。其实所有国家生育率的降低，背后都有经济学逻辑的支撑，比如女性受教育程度和养育成本增加等因素。如果科学分析这些因素，就很容易判断出，中国的生育率肯定会跟其他国家一样快速下降。即使废除独生子女政策，生育率还是会很低。

再举一个携程呼叫中心的例子。20年前携程刚上市的时候，曾拥有多达几千名员工的呼叫中心。这和国外的在线旅行公司不一样，它们的服务基本不通过打电话联系客户。有投资者问我，为什么携程在中国的客户这么依赖人工服务？一个最常见和最不求甚解的解释就是，中国人有喜欢打电话的习惯和文化。

正确的解释是，因为当时服务对象和服务人员的薪资差距很大。当时携程的主要客户是那些住四五星级酒店的高端商务人士，对应的酒店价格当时在每晚四五百元。在那个时代，客服人员的工资与中国人均收入相仿，每月只有几百元。这种巨大的差异，使携程必须提供高质量的服务。当时携程配备了数量充足的高素质服务人员，确保客户打来的每个电话都几乎被瞬间接起来。电话服务质量如此好，客户自然喜欢打电话。

在正确理解了携程客户喜欢打电话的原因之后，就能预判未来的变化趋势了。随着携程的市场扩大，服务人群已经不只是高端商务客户了，而是辐射至中产群体。与此同时，携程员工的工资也开始迅速提高。到了2015年前后，酒店的平均价格还是几百元，而携程员工的平均工资已经高达几千元。在新的背景下，虽然携程的服务仍然在同行中保持最佳，但已难以达到类似瞬间接起电话的程度。于是到了那时，携程的在线服务比例大幅增加，电话服务的比例迅速降低。2022年携程在线服务的比例已经提高到90%，实现了与国际接轨。试想，如果当时对呼叫中心的认识还停留在中国人文化差异之类的结论上，那就根本无法预测中国人未来会不会一直倾向于接受电话服务。

可见企业在制定战略方向时，必须具备全球视野，而不是局限于文化差异的解释，这样才能加深对于行业和产品的理解，从而产生更有洞见的战略思考和更准确的长期预测。

前文分析了企业研发投入和对外交流的策略，从创新力模型出发：

$$创新力 = 人口数量 \times 人口能力 \times (内部交流量 + 外部交流量)$$

决定创新力的另一个变量是内部交流，下文将从以下几个角度来分析内部交流对于创新的影响：科学的方法和决策方式，学习和分享的环境，平等开放的文化等。

科学的方法

科学的创新方法，就是大胆假设，然后用实验来严谨地验证和修正。这不仅适用于学术研究，也适用于企业经营。很多企业并不是硬科技企业，所需要研究的是客户行为。

有人说，企业经营中关于客户和同行的研究，与研究自然现象不一样，因为人类复杂到每个人都不一样，影响人的因素很多，所以并不适合用科学的方法去研究人的行为。虽然每个人的行为无法被精确预测，但某个群体的行为往往是符合统计规律的。比如这个产品的性能做得更好，或者价格更低，那么会购买的客人大概率会更多。而企业经营关心的并不是每个客人是否购买，而是总的市场份额能否提高。

有人说，研究人的问题不像研究自然现象，很难进行实验。但是在互联网时代，很多服务和产品已经实现数字化，可以非常方便地做各种AB测试。AB测试就是前面章节中提到的随机测试，这已经成为互联网公司里测试和验证创新的常用方法。

AB测试结合当前的大数据技术，可以方便地深入分析用户行为的因果关系，寻找优化产品性能的改进可能性。当然，要想充分发挥这些工具的潜力，需要企业员工掌握科学方法与相关统计、测试和大数据的工具。另外，所有对人的行为的研究必须立足于心理学和经济学，所以员工也需要学习掌握经济学和心理学的基础理论。

科学方法的好处，不仅在于提高创新的效率，更有利于内部的沟通。因为科学方法可以被同事、领导和下属用数据和逻辑来检验，也可以被传承或者在此基础之上再创新，从而发挥集体智慧来参与创新。

科学的决策方式，必须注重逻辑和证据。领导不应该只靠拍脑袋给出决策的结论，却不提供背后的逻辑和证据。因为哪怕决策本身没有问题，下属还是无法深入理解决策背后的逻辑，碰到异常情况就不能举一反三，最终会影响执行力。当然，更重要的是，这样的决策方式不利于下属提出反对意见，因此难以及时纠正和优化决策。反之，如果领导能够讲清决策的逻辑和证据，就能得到下属的及时反馈，同时培养下属的思考习惯和决策能力。

对于一些复杂的决策问题，甚至可以形成一个决策模型。模型不只是解决当前条件下的决策，而是设置一些条件参数，可以用来调整不同参数条件下的决策，使决策模型具备更广泛的适用性。这样的决策模型，可以作为企业的知识财富被积累起来，为后来的决策者所用。后人也可以不断修改优化这个模型，将其不断地传承下去。

携程就有一个客户价值和缺陷成本的决策模型。携程经常需要做的一种决策就是，决定需要投入多少资金去降低某个服务缺陷出现的概率。如果仅仅计算当前订单的损失，那么对于降低一个缺陷出现概率的重视程度和投入资金就会不足，所以要以长期的客户价值损失作为计算的基础。例如，一个价格不准确的问题，如果只考虑对当前交易的影响，可能只有几十元的损失；但是如果考虑到对客户忠诚度和品牌形象的长期影响，那么这个缺陷的成本可能是几百元甚至几千元，所以值得用额外的投入去解决问题。因此，多年以来，携程建立了一套根据不同缺陷或问题来计算不同客户价值和成本测算的模型，用来指导服务优化的决策。

另一个集体创新的方法，就是六西格玛的流程改进项目。有些问题看似很难，有些则需要跨部门的流程改进，这样的问题就很适合做六西格玛项目。我们通过六西格玛项目，把很多不同部门的人组织起来，让他们共同寻找改进的办法。

六西格玛的项目过程是，从定义、测量、分析一直到改进控制。从这些步骤上来看，很像科学创新的流程。项目过程中的第一个步骤是，定义量化的目标，精确地测量分析和验证。明确项目的目标最重要，有时问题就源于不同部门对于目标的定义不一致，从而造成摩擦。甚至有时只要把目标描述清楚了，解决办法自然就会浮现出来。六西格玛的另一个特点是集体决策，安排不同部门的聪明人定期开会进行思想碰撞，就有更大的机会发现改进的创新。

携程从 20 年前就在公司推广六西格玛，已经成功完成了很多项目，其中不少项目如减少通话时长等，都取得了意想不到的效果。六西格玛项目也培养了不少人才，很多在项目中表现出色的员工后来都开始担当重任。

学习和分享的环境

要让更多的大脑参与创新，就要更广泛地分享数据和知识，包括公司和部门的战略等。在认知方面，高层、中层或基层干部之间可能没有多少差异，但是高层可以看到全局的数据，而且高层在行业内待了很久，拥有更多的行业知识，也更了解其他公司的战略。如果要提升基层和中层的决策能力，企业就要以更开放的态度分享数据和知识。对于员工的要求，则是具备更强的自我驱动和学习能力。

创新所需要的各种能力，主要依靠每个员工的积累（下一章会详细介绍）。公司可以提供培训的条件，让员工结合工作不断提升科学创新的技能。企业可以安排统计分析等一些基础理论课程。作为补充，也可以鼓励员工参与心理学、经济学和外语等外部课程。

还要鼓励员工撰写一些小论文，内容可以围绕手头工作中的问题，结合所学的知识，并基于公司数据使用统计工具。现在携程的会议讨论稿，都要用六页纸的形式，也就是必须简练且有理有据地讲清楚复杂问题和创新建议。写这种小论文不仅能够提高会议讨论的效率,而且是针对科学方法的一种锻炼,能培养人的综合能力。实际上,这也是选拔、鉴别人才的一种好方式。

文化和激励

创新需要什么样的文化和价值观呢?前文所提及的很多创新主义价值观都适用。创新需要的是一种崇尚学习和注重交流的文化。(学习文化和个人如何培养创新能力,将在下一章展开论述。)至于注重交流,则包括对外和对内的交流,其中对内的交流需要开放、平等和直接的氛围。创新强调逻辑和证据,所以需要直接平等的沟通。对于任何一个观点和建议而言,提出者的身份不重要,逻辑、证据和创意本身更重要。

携程的文化信条是纯真和严谨,其实就是提倡就事论事、平等开放的沟通方式。这种平等开放的文化在高科技公司比较常见,但是在一些传统公司却往往更推崇等级分明。其实文化本身未必有优劣之分,关键在于是否适合本公司或者本行业的发展。传统公司更加等级森严,是因为传统行业的创新机会不多,企业更注重效率和成本。高科技公司之所以能形成更加平等开放的文化,是因为需要培育更多的创新。

创新是人的本能,本身很有乐趣。试想有个人发明了一套决策模型让同事使用,这必然是一件很有成就感的事情。企业可以做的就是强化这种成就感,例如提供展示创新成果的平台。携程技术部门每年会搞"程序设计马拉松"的竞赛,很多员工会踊跃展示自己的创新成果。

要培养这种创新文化,还需要有配套的奖励和晋升机制。比如，在晋升和奖金分配方面，优先考虑成功创新项目的贡献者。携程每年都要评选公司和部门范围内的优秀项目，并且给予项目的主要贡献者物质和精神奖励。对于创新失败者，应该用包容的态度对待。有些创新，在全局推广之前可以先在局部试点，这样既可以积极尝试一些创新，也可以控制风险。

企业社会责任、家庭友好和混合办公

企业的社会责任，越来越成为企业文化和价值观中必不可少的一部分。通过创新为客户和上下游企业创造价值，则是最重要的社会责任。另外，可持续发展和治理也越来越受到重视。创新主义提倡人类长期的繁荣，这和可持续发展的追求不谋而合。尤其在人口可持续发展方面，创新主义特别重视提供家庭友好型工作环境。

企业经营的环境，离不开宏观经济和人口发展的大环境。人口决定了未来人才池子的大小，也决定了市场规模的大小。携程和许多中国企业一样，很幸运拥有一个十几亿人口的旅行市场。但低生育率必然导致未来的市场和人才规模的急剧萎缩，这将是中国企业未来面临的最大风险。而解决低生育率危机，主要有赖于国家的福利政策，企业则可以通过提供家庭友好型工作环境来做出贡献。

携程企业文化的重要组成部分，就是强调家庭友好型工作环境。这不仅是在履行社会责任，而且有利于公司吸引人才和提高员工满意度。不同于其他高科技公司，携程不提倡加班文化。携程认为，创新需要依靠平时的积累和宽松的氛围，员工身心疲惫并不利于创新。当然，携程并非不提倡全心全意的工作，而是在方式上更加注重发挥员工的自驱力和结果导向。携程有不少女性友好和家庭友好型福利，例如每年发放的养育津贴、女性辅助生殖补助等。在携程众多的家庭友好型福利中，值得一提的是灵活办公模式。

随着远程会议、协同工作软件等互联网技术的成熟，远程办公在技术上很容易实现。因为新冠疫情的影响，企业曾一度不得不实行远程办公，于是在全球掀起了一股远程办公的潮流。亚马逊、微软、谷歌和苹果都把远程工作的模式常态化，推出了混合办公的各类制度。近日，携程中国公司宣布全公司近3万名员工实行混合办公制，允许员工每周三和周五在家远程办公。这是中国首家推出"3+2"混合工作制的大型公司。以携程为代表的中国高科技公司，正在积极尝试混合办公模式，取得了很好的效果。员工的工作效率不仅没有下降，而且满意度大幅度提升。[5] 混合办公的社会效应也很明显，不仅减少了通勤的拥堵，而且有利于环境保护、家庭和谐，以及缓解高房价、提高生育率。

特别是对于有孩子的员工来说，实行混合办公的模式，每周可以省下几个小时的通勤时间，每周有两天在家办公，可以让家长有更多的时间陪伴孩子，减轻育儿压力。男性员工也可以有更多的时间陪伴孩子和分担家务。当然受益最大的还是职业女性，可以更加灵活地分配时间，更多地陪伴孩子和家人，从而更好地平衡家庭和工作。推广混合办公模式，可以缓解职业女性的焦虑，减轻职业发展和育儿的压力与冲突，提高育龄女性的生育意愿。

除了灵活办公模式之外，携程近年还推出了每个孩子5万元的生育津贴，当然福利还远不能解决低生育率问题。另外，很多企业财力有限，大多数中小企业没有能力像携程这样提供福利。因此，要解决中国的低生育率问题，主要还是要依靠政府的福利。

小　结

　　这一章介绍了企业的研发策略、对外协作策略、组织机构和企业文化等一系列与创新相关的管理实践。在培养员工创新能力方面，企业可以做的是，提倡用科学的决策方法，并且提供各种培训和参与项目集体创新的机会。当然，员工要培养创新能力，主要还是靠个人的能动性。下一章会讲个人如何培养学习能力。

第八章

个人如何培育创新能力

前文讲述了创新主义的理念和价值观。个人如果把创新作为人生的目标，希望成为一个创新者，就需要保持年轻的心态，要具备好奇心、积极的实践和冒险精神。在大胆探索的同时，也要有严谨的逻辑和数据论证。但仅有这些理念是不够的，创新还需要各方面的能力。

有些研究试图寻找成功创新者的某些特点，如性格特点。但是似乎性格不同的人，比如无论是内向还是外向的人，都可以成为成功的创新者。还有一些研究试图寻找提升创新力的方法，如《创新者的基因》提出了五个可以提升创新力的办法：连接不同的想法，连接不同的人，提问，观察，实验。这些方法与本书提倡的交流合作和科学方法类似。[1] 但是这些方法只是必要条件，或者说是可以提升能力的小窍门，最难的是通过多年打磨而积累的专业能力，也就是说，只有通过长期学习和训练才能成为某个领域的专家。

创新能力的要求及其趋势

创新越来越难

创新正变得越来越难，于是对创新的能力要求也变得越来越高。创新变难的根本原因在于，人类的知识积累量就像一个巨人那样变得越来越大，后来者要想站上巨人的肩膀就需要付出更多的努力。

关于创新越来越难的结论，或许跟有些人的直觉矛盾，因为人类创新的速度似乎越来越快。的确，创新在近几十年有加速的趋势，尤其在互联网和数字技术领域更是显著。然而，这建立在创新投入高速成长的基础上。总的趋势是，人类的创新投入大幅度增加，而产生创新成果的速度只是略微提升，原因是创新的难度在不断提升。

创新难度的提升，是一个长期的历史趋势。我们来看看专利数据。图 8.1 的数据表明，专利申请人的平均年龄正在增加，可见创新所需要学习的知识内容在不断增加，这是因为所谓的"知识巨人"一直在长高。

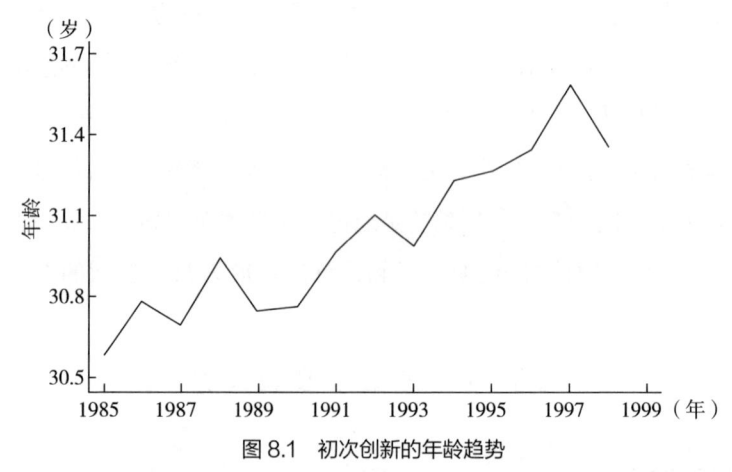

图 8.1 初次创新的年龄趋势

资料来源：Benjamin F. Jones, "The Burden of Knowledge and the 'Death of the Renaissance Man': Is Innovation Getting Harder?" *Review of Economic Studies* 76, 1 (January 2009): 283–317。

分工越来越细

人类"知识巨人"的长高速度非常快。据统计，人类知识每过二三十年就要翻一倍。几十年前，我在大学学习的计算机课程，可能只相当于现在大学二年级的水平。如今，很多岗位都需要硕士甚至博士学位。"知识巨人"不断长高的结果，除了创新者的年龄更大之外，还有专业分工越来越细。400年前，像达·芬奇这样的天才能够跨越多个学科取得巨大成就。可是今天的科学家和研究人员，却只能专注于某个专业领域，而且为了让博士生在28岁之前毕业，把学科或者专业领域分得越来越细。

图 8.2 的数据表明，专利发明者跨学科的概率正在减小，即所谓的分工越来越细。但是创新机会并不会因为分工细化而局限于某个细分领域。如果一个人能够掌握不同领域的知识，还是有可能做出一些融合不同领域知识的知识组合，从而产生一些独特的创新的。我很幸运，在成功创业后还有机会攻读经济学博士，并且成了一名人口经济学者。这种独特的跨界经历，让我能够从创新的角度研究人口经济学，从而在人口经济学领域形成了全新的理论模型、政策建议和哲学观点。

分工越来越细的结果就是，创新更加仰仗于跨界合作。创新的顿悟，经常会发生在不同学科的知识相互融合时，跨学科的合作也因此变得愈加重要。图 8.3 显示，专利发明人的平均合作者数量也在增加。在20世纪70年代，每个专利只有一两个发明者，而现在，每个专利有两三个发明者。一个好的发明家，不仅要成为本学科的专家，还要掌握跨学科知识，并且能够与其他领域的研究人员开展良好合作。

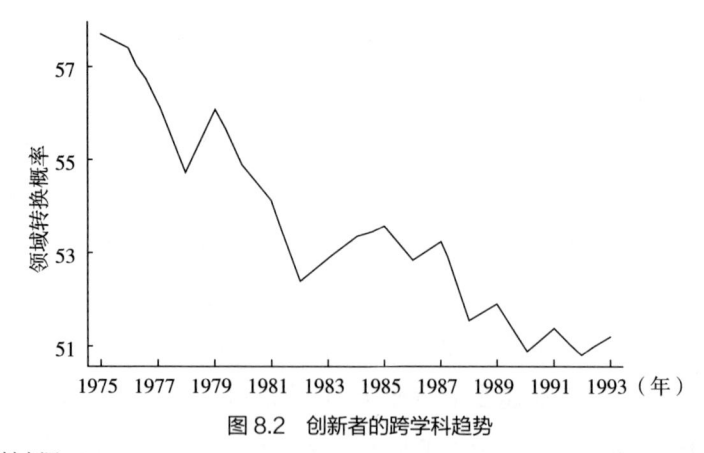

图 8.2　创新者的跨学科趋势

资料来源：Benjamin F. Jones, "The Burden of Knowledge and the 'Death of the Renaissance Man': Is Innovation Getting Harder?" *Review of Economic Studies* 76, 1 (January 2009): 283–317。

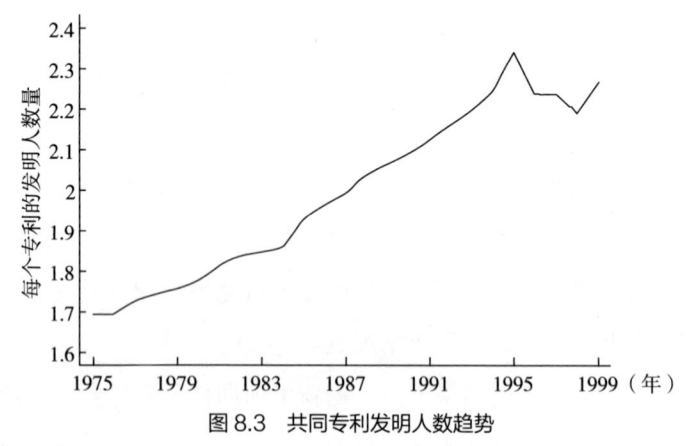

图 8.3　共同专利发明人数趋势

资料来源：Benjamin F. Jones, "The Burden of Knowledge and the 'Death of the Renaissance Man': Is Innovation Getting Harder?" *Review of Economic Studies* 76, 1 (January 2009): 283–317。

总而言之，人类的知识基础变得越来越庞大，导致创新越来越困难，也更加需要跨学科的合作。然而，由于有更多资源投入研究和开发，创新的整体发展力度并没有减缓，近年来反而有所加快，这是人类历史上最基本的趋势之一。当创新稳步发展时，资源瓶颈会由于新技术的出现而得到缓解，使人均收入继续增长。如果这种趋势可以继续下去，那么人类社会将进入一个普遍富裕的阶段。

智能技术如何影响创新的能力要求

智能技术对于各行各业都有深远的影响，很多情况下替代了人类的重复性劳动。那么智能技术能否替代创新工作呢？这既是一个复杂的经济和技术问题，也是一个哲学问题（下一章将展开论述）。结论是，创新的工作还将由人类主导，但是有些创新的步骤却可以让智能技术代劳。智能技术将如何影响创新的能力要求呢？我们从创新步骤的角度来具体分析。

创新的过程可以分解成四个步骤：第一，提出问题；第二，确定搜索空间和评价函数；第三，搜索和启发；第四，测试和确定。以爱迪生发明电灯为例，第一步要提出问题，"找到用电照明的装置"；第二步要确定哪些是符合解决方案的条件，比如成本不能太高、体积不能太大、维持一定的寿命；第三步是启发式的搜索，爱迪生需要判断哪些材料更有可能成功；第四步是不断测试各种材料，同时收集数据并不断优化下一个测试的材料，直至最后得到确定的答案。

在这四个步骤中，人工智能和机器人能否替代人类的操作呢？我们假设穿越到100年前的爱迪生时代，试着用人工智能来发明电灯。提出问题就是提出需求，也就是要提出人需要电灯的需求，这个人工智能可能很难理解人需要照明的需求。第二个步骤是确定搜索空间和评价函数，也就是用成本、发光寿命、发光强度等参数来形成一个综合的评价函数。设计这样一个评价函数以及确定去尝试哪些可能的材料，需要电学、化学、制造工艺和材料成本等多个领域的知识。这些知识和灵感更有可能来自人类，而不太可能由人工智能完成，因此第二个步骤还是会以人为主。

而在创新的后两个步骤中，即"搜索和启发"与"测试和确定"，人工智能和机器人即便不能完全取代人类，也可以显著提高人类创新的效率。在上述例子中，机器人可以一边测试和操控各种材料，一边分析各种材料的数据，用大数据推测未知材料的性能，从而优化搜索和测试的效率。

综上所述，在四个步骤中，"提出问题""确定搜索空间和评价函数"难以被机器替代，而"搜索和启发""测试和确定"步骤，很有可能会在机器和人工智能的帮助下大幅提效。由此，当智能技术替代一部分工作以后，创新者可能不需要掌握具体的实验操作性知识，但需要掌握更广的学科知识和对人性的理解。同时，掌握智能工具也会成为一种必要的能力。

下面从不同的维度来分析创新的能力需求。

知识的深度

随着现有社会知识的不断扩充，想站在学术前沿就需要学习更多前人的知识，计算机科学和生物科学等新兴科学领域更是如此。计算机科学如今的课程内容比我 30 多年前学习的内容多得多、深得多。机器学习、大数据等现在计算机科学必备的内容，需要在研究生的课程上才能掌握。难怪现在很多公司的计算机入门职位要求招硕士生甚至博士生。如果要留在大学里做科研，博士学位基本只是一个敲门砖。而且博士学习的时间也越来越长，有些学科硕士加博士的时间需要 6 年以上。对于有些专业来说，博士毕业生还不够资历做研究，必须读博士后。

知识的广度

知识深度的要求增加，导致学科分类越来越细（否则 30 岁都不能博士毕业），进而更需要掌握跨界的知识。例如，计算机学科的子专业越来越多，但这些子专业相互之间依然存在关联性。

另外，随着人类对微观世界的深入探索，有些学科的边界开始变得模糊。因为在微观世界中，我们都由原子、分子和神经细胞构成。例如，心理学、脑科学和计算机科学的边界开始模糊，材料科学和生物技术的边界也变得模糊。

除了科技创新之外，创业和社会组织方面的创新更需要跨界能力。越来越多的颠覆性创新，其实都需要跨行业的能力。例如，互联网公司大多是宏观级别的创新，携程创始人需要融合电子商务与旅行行业的知识。尤其在出现人工智能以后，宏观的行业知识相对更难被机器替代。因此，未来的创新者必须掌握更广的知识面，变得更加博学。

数据统计和计算机工具

大数据和人工智能技术（简称智能技术）已经广泛应用于商

业、经济、医疗保健、生物等领域，这些工具对创新和整个社会的发展产生了深远的影响。

无论是自然科学（理科）还是社会科学（文科），都需要运用大数据和人工智能进行技术辅助，这一点和几十年前有所不同。以前，社会学、经济学、政治学等社会科学主要是引经据典，然后进行逻辑推理和论证。但是如今，量化数据非常丰富，可以运用大数据做严谨的量化分析。无论是一家互联网公司，还是一家生物科技公司，抑或是经济学教授，都离不开最新的智能技术工具。

文学艺术类创新

有人以为文学艺术、音乐创作只需要文科，可以抛弃理科，但是人工智能和互联网改变了这类创新需求。其实，现在的很多文创产品已经实现数字化，很多游戏创意则来自理工男的创作。未来元宇宙和虚拟现实的创新，也会更多出自拥有理工科背景的人员之手。

工程师背景的研发人员，已经可以使用最先进的人工智能和虚拟现实技术，来弥补自己在文学和艺术技巧上的不足。现在人工智能可以写简单的新闻，还可以创作歌曲，很多技巧已经超过了人类艺术家。人工智能真正的短板在于创意，尤其是理解世界和洞察人性方面的创意。例如，刘慈欣的科幻小说《三体》的成功，不仅因为涉及很多天体物理学的奇思妙想，还有很多社会学和哲学方面的神来之笔。一个成功的元宇宙，需要有趣的故事和造型，更需要严密的逻辑和经济规则，以及对用户大数据的分析，并通过先进的数字图像技术展示出来。因此，未来要做艺术家，既要掌握最先进的数字技术，也需要加深对于人性和世界的创造性理解，而后者则离不开丰富的人文和数理知识。

智能社会中生活和工作的能力要求

不仅是科研和文创工作需要智能技术，未来很多普通工作岗位也需要掌握智能技术。以前农民属于体力劳动者，而现在管理现代化农场的工作人员却必须掌握各种高科技智能设备，还要懂得财务管理，最好还能懂点宏观经济等，因此其变成典型的知识型岗位。当前对于工人的技能要求也在提高，以前依靠重复手工劳动的组装工人，要么被机器人取代，要么岗位逐步转移到了劳动力更便宜的东南亚。甚至如车工、焊工等原来所谓的高级技工，未来大部分会被数控机床或者机器人取代。例如上海特斯拉工厂所需的工种，已经没有了所谓的焊工。对学历没有要求的工作只剩下叉车司机，但未来这类工作也可能被自动驾驶取代。特斯拉招聘了不少管理和维护数控机床与机器人的职位，这些职位都需要大学学历，因为随着工厂高度自动化，现场人员的数量减少了，但每个现场人员必须掌握处理复杂情况的更高技能。

不仅是工作岗位，生活中需要学习的知识也变多了。社会变得越来越复杂，每个人都需要管理家庭的财务、投资或者贷款，所以必须成为合格的投资理财者。每个人都是家庭成员，所以必须是合格的父母或配偶。每个人都是公共事务的参与者，需要成为合格的公民和志愿者。因此，生活在这个复杂的社会需要学习更多的知识。

这些通用的知识和工具，包括基本的自然科学知识，还有经济学等基础的社会科学知识，以及数据统计的相关知识。可以看到，这些知识要求绝对不低，甚至接近对于一个创新者的要求。但这正是应该让每个人都具备的知识，不仅是为了生活，同时也让每个人在未来都有可能成为创新者。这种可能性是无法预测的。比如，当一家农场、工厂或者酒店的某位员工，发现可以用一种创新型办法来解决一个问题时，一次创新或者创业的机会就可能形成。创新成功可能会实现工作职位的晋升，创业成功可能会实现更高的跃迁。由于创新的机会不确定，所以应该尽可能地让每个人都具备创新必要的技能，为可能到来的创新创业机会做好准备。有鉴于此，不应该在基础教育的初期阶段就把学生分层，剥夺一部分人在未来参与创新创业的可能性。

综上所述，每个人在智能时代都应该掌握一些通用能力，包括基础的自然科学和社会科学知识以及数据统计工具，还需要保持好奇心和探索欲，尽可能地培养广泛的兴趣，不仅是为工作和生活，也为未来可能的创新机会做准备，从而度过有趣的人生。

智能时代如何学习

前文提到，无论是创新还是生活，智能时代都需要学习更多的内容。从压力的角度来说，这或许是一个坏消息，但同时也是一个好消息——运用知识的工具得到了飞速提升，尤其是互联网和数字技术的进步，极大地提高了存储、组织、搜索和分析的效率。以前很多需要死记硬背的知识，现在可以随时随地获取，还有很多工具和软件进行辅助分析和汇总。另外，高质量的网络课程也能以极低的成本被普及。

但是，即便网络和数字技术几乎在所有行业都实现了效率的提升，却唯独没有在教育行业实现。现在的中小学教学内容，并没有充分利用这些更好的技术，效率不升反降，导致中小学教育严重"内卷"，所有需要深入学习的压力都放在了大学以后。这浪费了大量社会资源，也延缓了年轻人参加工作和组织家庭的时机，造成了各种各样的社会问题。

新技术和新工具给创新教育提出了新课题。很多知识在网上随处可得，不再需要死记硬背，比如很多历史知识的细节。同时，很多先进工具随手可得，不需要苦练某些技能，例如多位数的乘除法。真正需要学习的，是理解世界的基础理论、模型和工具。对于应用类或者细节性的技能，可以不学或者等到用时再学。因此，在基础教育甚至大学本科阶段，要用更多时间去学习工具性和理论性知识，广泛涉猎不同领域的基础知识，而不是过早地接受专业学科教育。

知识结构和学习顺序

面对越来越广的知识，到底应该如何安排学习的先后顺序？有哪些知识可以边工作边学习？要回答这些问题，首先需要分析人类的知识结构。

可以把不同的学科知识放在一张两维图上，纵坐标的维度是从微观到宏观，横坐标的维度是从理论到应用。按照这两个维度，把以下学科画在图上，从左到右（理论到应用）和从下到上

（微观到宏观）依次是以下几类：第一，数学逻辑、基础物理；第二，物质层面的材料科学、生命科学、工艺创新；第三，商业模式等社会组织形式的宏观创新；第四，文学艺术类的创新。

由此得到图8.4中的知识结构：左下角是最微观的基础学科，右上角是宏观的学科，更偏应用。由此可以看出，其实并没有什么文理科之分，只有宏观和微观之分。宏观创新研究商业、企业、社会的问题，需要运用多样知识的组合，更复杂、更不确定，也更需要跨界。但这些宏观领域是以微观领域为基础的，所以同样需要掌握微观领域的方法和工具，意味着文科学习也需要掌握理科的理论和工具。例如，研究金融和商业也要了解科技发展，就连影视艺术也会用到数字图像技术，以及研究客户偏好的大数据分析。

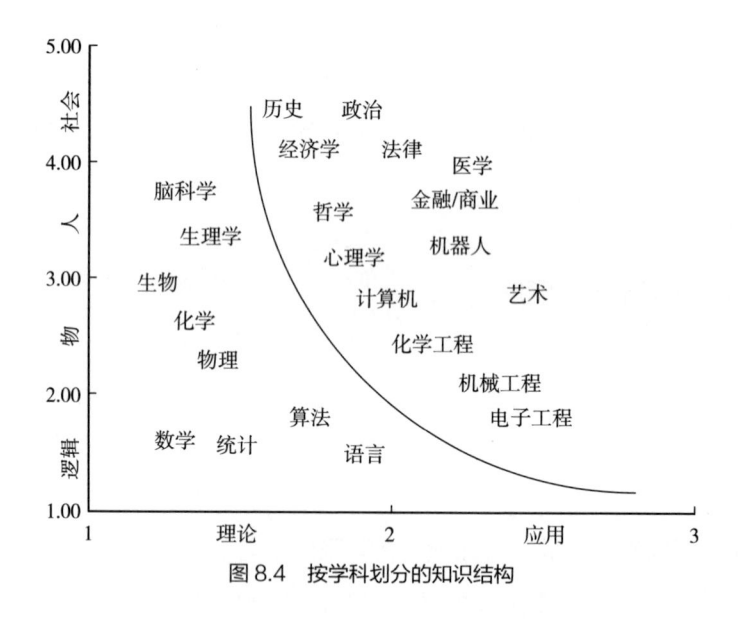

图8.4 按学科划分的知识结构

从以上模型可以看出，对于安排学习的顺序，年轻时要加强理科教育，然后才是工程运用以及社会科学。对于大部分人文、社会和商业学科，其基础学科是经济学和心理学，应当在年轻时就进行学习，为日后进一步深造打下基础。还有外语和计算机语言，都是年轻时学起来比较容易的学科。还有一个原因决定了年轻时应该多学基础理论，那就是应用学科变化非常快，原有内容可能过几年就过时了，但基础理论永远都是基础。

作为一个创新者尤其是创业者，未来的大部分知识应该会在工作中习得，所以在大学阶段应该更注重培养终身学习的能力。其中包括数学和统计的知识，因为数学和统计分析是很多学科的基础，很多实验和观察数据的结果都以统计语言的形式呈现。如果要阅读和学习全世界的论文，那么英语能力也很重要。而且，年轻时提升外语能力也比年纪大时容易得多。另外，创新者要学习一些经济和金融的基础知识，因为很多行业分析报告和宏观经济分析，都基于经济学和金融财会的理论与模型。掌握经济分析的理论和工具，有助于提升对行业的理解，进而发现商业机会。

要具备强大的自学能力，就需要具备一些工具性的能力，包括数理统计能力、英语能力、基础的经济和财会知识。在大学阶段，应该尽可能涉猎广泛的领域，尤其是各种基础理论和工具。其实，现在大多数企业和研究生院在校园招聘时，并不太在乎专业对口，而更在乎学生的基础工具性能力，例如数学、编程或者语言和逻辑能力。很多文科的研究生和博士生院，更愿意招聘基础扎实的理科生。至于真正成功的理科生，往往不仅成绩好、学习能力强，而且在沟通能力和人文素质方面也非常出众。

快学和博学能力

未来的创新者需要博学。一方面专业知识越来越多，另一方面人才也需要更多跨专业的知识。尤其是颠覆性创新或者创业更需要多面手，文艺创作也需要对于人性和世界有更深刻的理解。我的导师爱德华·拉齐尔做过一项研究，观察斯坦福大学商学院的学生，分析能否从他们选的课程中预测出哪些人更有可能成为企业家。结论非常有趣，那些选择多个领域课程的学生更容易成为企业家，也就是说，成功的企业家往往是那些兴趣广泛的学生。[2]

快学就是尽快掌握基础理论、模型和工具，而不是像现在中考和高考指挥下的题海战术。换言之，如果某项课程能够拿到八九十分，就应该转向学习新的内容，而不是继续花费大量时间刷题，只为再增加10分或5分。转向的目的，就是用省下的时间学习更广的知识。美国很多高中提供了各种选修课，一个优秀的学生可以选择更广和更深的课程，例如在高中阶段就学习微积分、经济学的课程。优秀的美国学生可能在做题能力方面未必强于中国学生，但普遍具备更广博的知识。

快学的另一种方式就是缩短学制。我并不提倡加速每个人的教育进度，但对于大部分学生来说，如果不用应付中考和高考，那么中学的学习进度可以加快，至少可以省下两年复习应考的时间，把12年的基础教育缩短成10年。早两年步入工作岗位会有很多好处。有人说，多出的两年工作时间，相对于40年的职业生涯，只不过多了5%的收入。但答案并非如此，这让一个人在二十几岁的黄金年龄段多了两年上升期，如果在这两年里，能力和薪资的提升是每年10%，那么多出两年的上升期，就意味着增加了20%的整体职业生涯产出。

拿我自己的经历来举例。当年我很幸运上了复旦少年班，15岁就成为大学生，21岁硕士毕业就开始工作。比同龄人早3年工作的好处一开始并不显著，但在后来的职业生涯中，我发现比同龄人超前3年是一个明显的优势。赶在1999年的互联网创业风口，我29岁时就联合创办了携程旅行网，并且带领它发展为一家成功的中国互联网企业。2007年我37岁，那时决定到斯坦福大学申请经济学博士学位课程。斯坦福大学的经济学课程通常招收20多岁的学生，偶尔也有30多岁的学生，但几乎从来没有招收过40多岁的人。如果我是40岁而不是37岁，那么我可能就没有机会追求第二项事业成为一名经济学家。现在，54岁的我作为一家大型上市公司的董事长仍算是比较年轻的。因此，早几年进入大学并且完成大学学业，意味着人生中多出了几年的提升时间（相对于把青春浪费在备考上），还扩大了创业年龄的黄金窗口期，有利于增强创新和创业的活力。

人际能力

创新力 = 人口数量 × 人口能力 ×（内部交流量 + 外部交流量）。

以上模型适用于国家和企业，而从个人角度来看会更简单，个人能力除了自身水平，还有交流能力，即人际沟通能力，包括领导和合作能力。科技创新需要越来越多的跨界合作，所以创新越来越需要集体智慧的启发、组合和融会贯通。此外，创业更需要较强的协同和领导能力，因此要重视这些能力的培养。

培养沟通能力有多种办法，总体而言就是要多参与集体活动。比如，可以在学校共同参与一些小组项目，或者参与辩论赛、体育比赛等集体项目，抑或是夏令营、团体游学，还可以培养团队协作和领导能力。

如果学生的时间都被应试和刷题占据，长期来看会造成沟通能力不足。我比较过美国和中国的大学毕业生，美国名牌大学的毕业生的知识面更加广博，美国普通大学生的沟通和演讲能力也超过中国大学毕业生，整体上显得更加成熟。比较中美年轻企业家的相关数据会发现，美国的创业者普遍更加年轻，比尔·盖茨和扎克伯格等人早在20多岁就开始创业，这可能源于他们拥有更广博的知识和更强的沟通能力。

全球视野和英语能力

英语能力和全球视野也是交流能力的重要组成部分。未来在创新过程中，除了需要面对本地对手，还会遇到全球的竞争对手。很多前沿的知识，在其他国家也存在可以借鉴的经验。还有越来越多的创新需要全球协作，无论是供应链、研发还是产品，不同的商业环节都离不开全球协作。因此，创新需要培养与全球合作伙伴进行良好沟通的能力。

英语作为全球通用的商业和科技语言，重要性不言而喻。只有掌握英语才能了解全球最新的科研成果，才能与全球的科研人员合作创新。尤其是在文创领域，如果没有国际化的语言和文化能力，就难以打入日益重要的全球文创市场。

有人担心英语会严重增加孩子的学习负担。其实孩子学习语言的能力非常强。以前学习英语的瓶颈在于缺少英语老师,现在随着年轻人英语水平的提高,以及归国留学生的大量增加,授课教师数量不再是瓶颈。尤其是还可以借力人工智能和在线教育技术,以低成本的方式为孩子提供练习英语的环境。因此,只要足够重视语言学习,做到从孩子抓起,掌握一门外语并不困难。当然仅仅学习英语是不够的,还需要充分了解全球的主流文化和价值观。这就需要多看书籍、电影等流行文化商品,有条件的还可以出国旅行或者参加国外的交换学习。中国人历来强调读万卷书和行万里路。身临其境的现场感受,可能比书本知识更加具体和全方位。只要有了适当的环境,孩子就可以毫不费力地学习语言和全球文化,从而拥有创新所需的全球视野。

最佳创业年龄

大部分创新在高校和大企业里完成,但所谓的颠覆性创新,往往只有新兴企业才能完成。大企业由于官僚体制的惰性和既得利益的羁绊,开创性和发展速度不如创业企业,所以颠覆性创新更有可能由创业公司完成。这些创新一旦成功,就会带来巨大的财富和社会影响。谷歌、亚马逊等活跃于《财富》排行榜的互联网公司,都属于这种类型。创业需要宏观层面的创新,需要多个领域的专家共同参与,也需要企业家具备更多的跨界知识。

如前文所述,总体来说创新已变得更加困难,因此发明家们的平均年龄越来越大。此外,由于颠覆性创新和创业需要艰苦工作与冒险行为,所以更适合年轻人。因此,颠覆性创新和创业的黄金窗口期越来越短。在某些特定的领域,取得博士学位是做研究的起点,而获得博士学位所需的年数也正在增加。一个学生直到28岁才获得博士学位的现象很普遍,而创业的最佳年龄大约是30岁,很多互联网巨头的创始人都是在30岁左右创业的(我在29岁创办了携程)。也有些人等不及博士毕业,比如谷歌的创始人在博士阶段辍学创业(这应该是一个特例)。整体而言,大部分人还是会先获得学位,然后积累一定的工作经验之后再创业。因此,一名硕士或者博士毕业生在其30岁左右时,会遇到创业的黄金时间段,而这个时间段随着学位教育的时间延长而变得越来越短。

尤其对于女性来说,如果还要组织家庭和生育后代,那就更没有时间和精力去参与创业了。女性获得硕士和博士学位的比例几乎和男性相当,企业里也有越来越多的女性成为高管,但企业家中的女性比例却低得多,原因之一正是黄金创业期和女性的生育年龄相冲突。如果我们的教育能够提速,延长创业的黄金窗口期,就可以提升整个社会的创新活力,尤其是潜在的女性创新活力。

最佳成家年龄

有些女性总觉得年轻时应该更注重事业,其实随着人均寿命的提高,职场生涯已经被大大延长。对于现在的年轻人来说,未来的退休年龄会普遍延长到70岁左右。因此,职场生涯是一场长跑,而最佳生育年龄还是在35岁之前。

从学习的角度来讲,真正需要所谓"童子功"的,只有语言能力、编程,以及数学、物理等少数理科。在本科阶段完成这些基础性学科的学习以后，在研究生阶段所学的大多数是应用性知识，与工作阶段参与的科研工作一样，未必需要从娃娃抓起。因此，如果要生孩子，从是否妨碍学习的角度来考虑，大学本科以后的任何阶段都差不多。虽然会影响几年的精力，但相对于长达几十年的职业生涯，其负面影响并没有想象中那么大，所以研究生阶段和工作初期其实都是谈恋爱和组织家庭的理想时间。当然，前提是社会能够提供生育友好的福利和环境，并且父亲也要分担家务和教育的义务。

虽然父母在年轻时需要为孩子付出很多，但这是生命意义的追求，会让人有成就感。尤其是人类未来的寿命可能超过100岁。如果25~30岁生育孩子，30~35岁拥有第二个或者第三个孩子，虽然50岁之前会辛苦些，但到了50岁以后，漫长的下半辈子就会拥有更多成就感和天伦之乐。如果询问现在正处于50多岁的那些人，几乎没人后悔当初生了孩子，反而有很多人会为年轻时错过了生孩子而后悔终生。

此外，孩子也会给父母提供不同的视角和创新灵感。一般来说，中老年人接触的朋友和同事都是同龄人，很少有机会深度接触年轻人。因此，有孩子的中年人，会更了解流行文化和主流消费倾向，这有助于开发针对年轻人市场的创新产品。我经常能从23岁的儿子那里了解到最近正在流行什么游戏、体育活动或者旅行目的地等。

工作和终身学习

如果在大学阶段打好了扎实的基础，就可以把工作变成学习和创新的舞台。科研工作者，如工程师、科学家、艺术家等，都需要终身学习和不断创新。终身学习的内容，除了要有深度之外，还需要始终保持旺盛的好奇心和广泛涉足相关领域。虽然说这个领域暂时好像与手头的工作无关，但说不定灵感闪现，把看似不相关的知识连接在一起，就能发现创新和创业的机会。例如，早在 20 年前，如果一位导游掌握了计算机和互联网技术，就有可能创办一个旅行网站。

尽管有些工作并非直接参与科研，但同样需要保持好奇心和终身学习的理念，其中也有可能孕育创新和创业的机会。比如，一位酒店经理除了参与酒店的日常工作之外，还可能使用最新的智能技术，创造性地解决酒店管理的某个日常问题，甚至可以做成一个酒店智能化的创业项目。又如，他可以通过学习节能技术，完成一个酒店低碳化的创业项目。再如，他也可能通过学习年轻人中流行的 IP（知识产权），来完成主题酒店的创业项目。人们需要不断学习最新的技术、文化和消费倾向，为将来可能的创新创业做准备。创新和创业都具有巨大的不确定性，谁也无法预测创新技术未来会被如何应用。但只要始终保持好奇心，实时跟进最新的技术和流行文化，当机会来临时就有可能把握先机。当然学习不仅是为了工作，也是为了过有趣的生活。

教育改革的建议

取消中考

随着大学教育普及通识化，没必要通过中考淘汰一部分学生。

现在中考的目的，是强制分流一部分学生不上大学，转向职业培训的道路。如前文所述，未来随着智能社会的到来，越来越多的工作需要接受过大学教育的人。现在很多职业如服务员、快递员、司机等，在未来 10 年里就有可能被机器人取代，剩下的工作可能是管理维护这些机器人。有人说，制造业仍然需要很多高级技工，但制造业本身的从业人员的需求并没有想象中那么多，而且趋势是逐步自动化和智能化。高级技工也正在被机器人取代，或者升级成为生产工程师的职位。

当然，在相当长一段时间里，还会存在空姐、酒店前台等工作，但这些工作都不需要经过多年的培训。在国外，一般是高中毕业生在经过一个月的企业培训之后就能上岗，并不需要长达 3 年的职业培训。

中考的评价过早，容易让那些起步晚的孩子遭遇误判。每个孩子的成熟期不一样，比如男孩的成熟期普遍比女孩晚一些，农村孩子的成熟期也晚一些，过早分层不利于晚熟群体充分发挥潜力。有些孩子小时候可能出于各种原因没有把精力放在学习上，但并不代表以后始终不会。尤其是男孩成熟得更晚一些，可能一时沉迷于游戏，后来却可能赶上来。此外，弱势群体的孩子也更容易输在起跑线上，因为富裕家庭会把更多资源用来刷题、上辅导班或者提前学习。或许弱势群体的孩子在天分和后劲上并不差，却因起跑落后，在中考阶段就被过早分流。

有人说，需要中考分流是因为很多学生没有能力完成大学课程。但对于这种能力的评判，应该通过以后的资格考试来鉴别，而不是在中学阶段强行分流。在欧亚发达国家中，就读大学的比例远高于一半。美国是发达国家中大学毕业生比例最低的国家之一，也有超过 90% 的学生就读高中，有 80% 左右的学生就读大学，有 60% 左右的学生获得大学文凭。中国中学生在全球的能力排名中非常靠前，几次全球 PISA（国际学生评估项目）测评都位于世界前列，显著高于美国中学生的水平。这个结果并不令人奇怪，因为中国中考数学的难度显著高于美国 SAT（高中毕业生学术能力水平考试）的数学考题难度。中国中学生在转校到美国中学以后，理科学习成绩的排名往往远远高于其在中国学校的排名。因此，中国应该有 80% 的学生有资格进入大学，而不只是现在的 50%。

如果能摆脱中高考的束缚，除了节省备战中高考的时间所带来的好处之外，还可以在中学阶段设计更加多样的课程内容，实现更高的学习效率。比如，数学课可以把重点放在为大学微积分服务的代数上，简化一些立体几何和解析几何的内容。再如，以往由于高考不考编程等计算机科目，中学和家长都没有动力给孩子安排编程课，而现在就可以用省下的时间，让中学生学习一些未来可能很有用的计算机编程入门课程。

当然，需要与取消中考相配套的是高中教育资源的均等化。与初中和小学资源的均等化一样，这可以通过就近抽签入学、教师轮换等方法实现。

缩短学制

现在的中考和高考浪费了大量的时间，学生至少有两年时间用于复习和应付中考和高考。取消中考就可以省下一年的时间，如果把过去需要死记硬背的一些教学内容简化，再省一年时间都没问题。如果可以淡化或取消高考，甚至可以进一步提速，或者增加编程或经济学等更多的教学内容。把基础教育阶段提速两年，16岁就能上大学，20岁之前就可以大学毕业。学生毕业后，也能更早参加工作或者接受更高学历的学习，高学历精英能多出宝贵的两年职业生涯，高学历女性可以有更多时间谈恋爱、步入婚姻殿堂，客观上也有利于提高现在超低的生育率。

大学教育通识化

大学通识教育思想起源于19世纪，不少欧美学者认为现代大学的学科分类割裂了知识结构，于是创造了通识教育，目标是培养学生独立思考的能力，并对不同学科有所认识。从20世纪开始，部分美国大学把某些课程列为必修科目。例如，哈佛大学从1980年开始设置的通识必修课程，包括文艺历史、科学伦理以及社会分析等人文内容和其他自然科学课程，北京大学的元培学院也有类似的通识必修课程。但通识教育只是专业课的补充，据我所知，还没有大学会让学生只选通识教育课而不选择任何专业。

大学教育应该培养学习能力，以及在复杂社会中生活所需要的各种技能。因此，不分专业和文理，都应该学习大量的基础必修课，即实现所谓通识化。通识化下的大学必修课可以包括：第一，数学、统计和计算机；第二，经济、金融和财务会计；第三，法律、心理、文学等社会人文学科。不分文理专业，所有大学生都要学习这些必修课程。

其实，现在让学生在18岁时就选择专业，就其长远职业规划而言并不合理。因为在 18 岁时，年轻人对每个职业的要求和好坏所知甚少，完全不了解自己到底喜不喜欢或者适不适合。反过来看，大多数研究生院和科研工作也并不那么注重大学生的本科专业，往往更关注对方的语言和数理能力。既然如此，为何不能将专业选择推迟到大学毕业阶段呢？有些学科需要安排专业课程，但即使是物理学，在本科阶段学一些人文学科的必修课，或者艺术家去学一些数理的必修课，从长远来说都有好处。因此，在大学期间，可以安排学生将大部分时间用于广泛学习涉及文理的全面课程，直到大三、大四年级才试着去上一些不同学科的选修课，然后再决定未来的职业方向，这比在 18 岁时就确定专业合理得多。

高考改革和本科教育的普及与去名牌化

本科教育实现通识化以后，也就解决了优质本科教育的稀缺问题。既然大部分课程是标准化的，那么名牌大学和一般大学的教育质量就不相上下，还可以把顶尖教授的大学课程通过网络技术进行普及。实际上，名牌大学的教授不见得教授本科学生，他们讲的课也未必比其他教授或者最好的网课更出色。就职于一般大学的本科老师，只要借助最好的网络教程和标准考试，使用网络工具再配合一定的课后辅导，也能确保课程的高质量。

现有制度下，在本科阶段选择生源的制度已不再合理，其后果就是过早的教育分层，同时强化和固化了名牌大学的本科牌子，造成了社会资源的浪费。当优质的本科教育资源不再稀缺时，名牌大学就失去了"掐尖"本科生源的理由，也就不该再让高考分数决定名牌大学的名额分配（可以抽签录取），而应该把高考淡化，使其成为一种资格考试。如果名牌大学的本科不能"掐尖"生源，那么大学本科的牌子也就变得不再重要，全社会只看大学牌子的观念就会改变。因此针对名牌大学的激烈竞争会明显缓和，全社会在教育方面的压力就会降低，效率就会得到提高。

大学本科通识化以后，只有硕士甚至博士阶段的教育资源才是稀缺资源，应该在研究生阶段通过严格考试来筛选生源。用大学生能力考来取代高考，可以作为择业和研究生院录取的主要依据。可以预计，名牌大学研究生院的入学竞争还是很激烈的，大学生也会更加努力学习，这正好解决了原先中国学生在本科阶段不努力学习的问题。虽然这也不能完全避免出现以刷题为主的低效学习，但至少可以把考试的压力向后推迟，从而延缓整个基础教育阶段的考试压力。从时间上来讲，大学生毕业考试比高考更能反映大学生当时的能力，考核的科目也会更匹配工作岗位的实际需求。当然，高考改革是一个极其复杂的社会工程，未来会有各种各样的改革思路，但普及大学教育至少能为高考改革提供更有利的条件。

教育改革必须知难而上

只有大胆改革现有的教育制度，才能解决当前教育效率低下导致的种种社会问题。教育改革是一项极其复杂的社会工程，局部改进不可能根治问题。取消中考和缩短学制相对容易，更难的是高考改革。之所以难，是因为高考已经成为家长、学生、学校和用人单位的"指挥棒",因此从长远来看,高考改革非改不可。本章提出的高考改革以及所必需的大学本科教育通识化和去名牌化,都需要很大的魄力,但实现之后就可以大大提高效率。缩短中学学制以后,高中资源就会被释放出来,全社会并不需要更多的教育投入。家长不用为孩子的中高考而投入过度,经济和精神压力也会小很多,实现养育成本的局部降低,因此生育意愿也会提高。更宏观地看,随着中国教育行业的效率提高,在丰富人力资源的同时还能减缓出国留学人才的流失,从而提升中国的创新能力、综合国力和生活水平。

小 结

这一章讲述了创新和创业所需要的知识与技能，包括专业知识、智能技术工具、数学统计和财经知识，还需要沟通能力和英语能力。作为学生，在教育制度改革之前可能不得不为了应付中考、高考、考研去刷题，但是在学习的过程中，必须了解哪些属于基础知识，哪些仅仅是为了做题。应该尽量多掌握基础的理论和工具，尽量涉猎更多的领域。在工作中，可以利用手头项目尽可能地学以致用，同时掌握自己学习的前沿专业知识，这样不仅有可能抓住未来的创业机会，也可以更胜任智能社会的一般工作，还可以成为更好的公民和家庭成员。

这章一再强调博学，需要尽可能学习涉及不同领域的知识。然而，这种博学的要求是中国现有教育制度中最缺乏的元素。为了考试拿高分，家长和老师往往要求学生放弃额外的学习，将全部时间用于备考。这就导致了矛盾，即从个人角度看，应该尽可能多地学习各种创新技能，但个人和家庭却被裹挟在应试教育的囚徒困境之中，难以做出有利于创新的选择。要想彻底解决问题，就需要对教育体制进行改革。

第九章

创新主义与科技伦理

人类科技突飞猛进,在虚拟现实、基因、新能源、太空旅行、人工智能等方面尤其如此。科技进步在带来诸多好处的同时,也会带来风险和争议。那么如何平衡技术的发展和风险呢?要回答这个问题,就牵涉对伦理和价值观的思考。创新主义所追求的,是通过创新和传承来实现人类文明的长期繁荣。这一章将从创新主义的角度,分析相关科技伦理并提出政策建议。

新能源技术

人类文明的可持续发展,正受到温室气体排放所引起的全球变暖的威胁。新能源技术能够解决全球变暖的问题吗?先看几个乐观的因素。在需求方面,世界人口将在 21 世纪增长缓慢并达到峰值。在供给方面,清洁技术的进步将得到稳步推进。因此,从长远来看,清洁技术能满足世界上大部分的能源需求。例如,太阳能是终极的能源来源,并且几乎可以无限制供应。照射到地球上一小时的太阳光,就足以提供全世界一年的用电量。此外,太阳能技术仍在迅速改进中,成本已经接近火电。另一项有前途的清洁技术是核电。虽然核能理论上只能有限供应，但它在地球上的储量非常丰富。还有就是核聚变的技术，一旦能够发展成功，就可以提供近乎无限的能量。

然而，尽管大方向似乎乐观，但实际上人类对于新能源的采用速度却不尽如人意。原因之一是人类不太愿意为长远考虑而承担短期成本。的确，实行减排意味着短期内付出巨大成本，需要改造所有的能源基础设施，增添大量储能设备，还要更换现有的建筑材料。有人预测，全球需要投入100万亿美元才能实现碳中和。这听起来是一个天文数字，可如果分摊20年，也就是相当于每年5%的GDP，尚在可承受的范围之内。然而，实际情况却是，各个国家的行动非常缓慢，碳排放的计划不断被推迟，美国甚至一度单方面退出了《巴黎协定》。

进度之所以很慢，是因为科学界对于全球变暖的危害和风险究竟有多大还没有达成共识。环境出现灾难性后果的可能性也只不过是百分之几，甚至更低，只有千分之几。但即便是千分之几的风险，从人类文明延续的时间尺度来看都是不可忽视的风险。其逻辑和防止核扩散的逻辑是一样的，虽然爆发核战争的概率非常小，但是由于人类文明毁灭的代价太大，即便是很小的风险，从传承角度看也是很有必要防范的。因此，从风险的角度不仅要考虑这几代人可能遇到的风险，而且要考虑人类长期传承的风险。

现在认知上的差异和投入不足的困境，根本上是当代人的利益和人类文明长期延续之间的利益冲突。减排对于当代人在很大程度上只有成本而没有收益，因为即便按照最不乐观的预测，全球变暖大概率也不太会影响当代人的生活，获益者则是后代以及人类文明的可持续发展，因此诸如加税之类的某些减排措施，一旦牵涉每个人切身的短期利益，就不一定会受到民众的支持。即便各国政客在口头上都支持减排，但当落实到具体的政策时，力度却总是远远不够。这是经典的代际冲突问题，就和提高生育率一样。只有把人类文明传承上升到追求生命意义的高度，才能让全人类愿意为了这个追求不惜牺牲当代人的一些短期利益。

人工智能

AI 技术在 2023 年的表现令人震撼，以生成式语言模型为代表的 AI 新技术，似乎真的可以模拟人类的智能。现在是不是接近了所谓的"奇点"？AI 对人类社会究竟意味着什么？下面从创新和传承的角度来讨论这个话题。

从 ChatGPT 涌现的惊人能力来看，进一步证明人类大脑并没有什么特别之处，只是神经元的网络组合。现在 AI 算法通过设置大量参数，相当于人的神经元连接，能涌现出类似人类的智能。人类作为一种能够制造智能的文明，应该对此感到骄傲，但同时也要保持必要的敬畏。现在最先进的算法，还要模拟进化而来的人脑。

在技术上，AI 应该可以做到人脑的一切。虽然说现有 AI 在能耗上还与人脑存在巨大差距，但这只是算力和数据训练的差距，并非不可逾越。比如，现在的 AI 缺乏情感，但人脑中的情感实际上也是来自进化的。经过亿万年以追求生存和繁衍为目标的进化之后，产生了亲情、爱情等各种情感。还有人认为 AI 没有意识，其实人类的意识，根本上也是基于对生存和繁衍的追求，同样属于进化的产物。这就意味着，如果我们用生存和繁衍的目标作为函数来训练 AI，也会产生这些情感和自我意识。当 AI 具备了与人类相同的情感和意识之后，就可以具备同样的创造力。

但上述结论的前提是，人类要为 AI 设置生存和繁衍的目标函数进行训练，也就是要让 AI "怕死想生"。问题是，人类为什么要训练 AI "怕死想生"呢？AI 怕死？是尽量不要被拔掉电源吗？人类为什么要教会 AI 拒绝断电呢？AI 想生？不就成了病毒吗？人类当然需要防范恐怖分子散播计算机病毒。但是只要人类的主流科学家不去主动地训练 AI "怕死想生"的情感和自我意识，AI 不受控制地自动涌现与人类一样的自我意识和情感是不可能的。因为这种自我意识和情感是经过亿万年的生死考验进化而来的。试想，需要拔掉多少次 AI 的电源（死亡）之后才能训练出自我意识呢？而且，人类拔掉电源和自然界的生死显然不是一回事。因此，与人类一样的自我意识虽然理论上可能，但是不会意外涌现。AI 只能模拟人类的情感，可以让 AI 在表面上看起来有情有义，但这种情感终究只是基于预设的模拟，而非真正具有和人类一样的情感和意识。简言之，AI 和人类的本性不一样，而这种"怕死想生"的本性是人类追求创新和传承的基础。

现在的 AI 算法和人脑有一个相同点，就是具有不可解释性和不确定性。似乎具备创造力的高级智能，以及不可解释性、不确定性，就像一枚硬币的两面，是共生的。换言之，如果你想要创造性的高级智能，就必定会带来不确定性与不可解释性。反之，如果非常可确定和可解释，那么其背后的智能可能也就没有那么高级了。

AI的不确定性,加上创新本身的不确定性,导致人类不敢把创新的主导权让给AI。有人说,人脑也具有不确定性,也可能犯错。但是人类和AI还是有本质区别的,AI是设计出来而非进化而来的,不具备与人类相同的情感、自我意识和价值观。就是这个区别,导致人类会把AI当成异类,可能永远都不会把AI当成自己的孩子。不妨做一个思想实验,拿AI和孩子做比较,同样具有不可确定性和不可解释性。如果你的孩子做出了出人意料的行为,你对他还是比较放心的,因为孩子和你是同样的基因,也可能继承了你所教育的价值观。但是想象一下,如果AI也做出了出人意料的行为,你就会觉得恐惧,甚至担心世界末日来临。正因为AI与人类的本性不一样,存在创新和AI的双重不确定性,所以人类不会放心让AI主导创新。

还有一个原因,导致人类不会让AI来主导创新或者自主进化。因为创新和传承是人类生命的意义,是一种最高级的乐趣。人类为什么要放弃这种乐趣呢?尤其当其他重复性的工作都已经由机器人和AI代劳时,还有什么有趣的事情能让人类打发时间呢?创新和传承带来的不仅是无限的乐趣,还有永恒的生命意义追求,创新和传承是人类区别于其他生物的根本差异,也应该是人类区别于AI的根本差异。因此,创新和传承包括生儿育女,都不应该让位给异类。

有人说,如果AI可以算作人类的后代,那么当AI取代人类成为文明主导之后,也可以算作人类把文明的"接力棒"传给了AI。但是,尽管AI算力可能超过人类,但AI能够继续进化吗?是两性进化吗? AI有DNA吗?如果AI没有DNA的两性进化,那么如何才能保持既有创新(新的基因),又保持一定的传承（稳定性呢）？此外，AI会死吗？如果不死，怎么实现代际更替呢？如果AI是完全不同的另一种代际更替方式，那么由于缺乏亿万年的进化检验，这种更替能持久吗？AI生命如果真的取代了人类，说不定很快就会灭亡或固化。

因此，尽管技术上可能，但人类不会让AI训练出真实的情感和自我意识。从创新和传承的角度来看，让AI替代人类也不安全。人类会把AI当作一种工具，不会把AI塑造得跟自己越来越接近，而是会朝着与人类互补的方向，让AI的功能变得越来越强。因此，AI发展不会产生所谓的"奇点"。AI和人类拥有不同维度的能力，不可能在某一时刻全面超越人类，不必担心AI会奴役人类。

当然，这种AI不会奴役人类的乐观假设，建立在人类要重视AI安全的前提下。任何一项影响力大的技术，包括基因、核武器等，都需要被严格控制。AI技术也不例外，最重要的控制是不能让它自我复制和进化，不能让它主导创新，以及不能让它掌握关键的决策，包括掌握关键的基础设施等。

总而言之，虽然AI很强大，可以成为人类最好用的工具，可以胜任几乎所有的工作，但人类不会放心让AI自主进化和创新，还是会把创新和传承的乐趣留给自己。人类不应该发展AI的情感和自主创新的能力，而是把AI发展成与人类能力互补的强大工具。

虚拟现实和元宇宙

元宇宙近年成了热门话题，以脸书为首的高科技公司，纷纷计划大举投资元宇宙，年轻人则将越来越多的时间用于游戏和虚拟世界。我的观点是，元宇宙可以当作真宇宙的模拟器，但不能也不该替代真宇宙，如果我们真把元宇宙当作真宇宙的替代品，人类社会的创新和传承就会停滞。

虽然元宇宙的技术突飞猛进，但是与真宇宙存在着巨大和根本的差别。首先，元宇宙在丰富度和复杂性方面远不如真宇宙，换句话说，就是远不如真宇宙有趣。真实世界的复杂度，是元宇宙无法比拟的。从微观角度来看，元宇宙基于硅基芯片，虽然芯片已经进入纳米级，但其颗粒度与原子和分子还有几个数量级的差异。即使在原子层面，现在还有很多用物理学难以理解的量子效应和复杂度，而芯片的状态只能是 0 和 1。从宏观角度来看，复杂度就差得更远了，一个或者一组芯片所占的空间，与一个城市相比差了 20 个数量级。因为元宇宙远不及真宇宙复杂，所以不如真宇宙多样和有趣。也许对于部分人来说，元宇宙已经足够复杂和有趣，但是其规律性是永远无法与真宇宙比拟的。

其次，元宇宙没有逻辑性。真实世界是有规律且自洽的，从牛顿定律到量子力学，再到进化论、经济学和社会学，都证明这个宇宙是多么复杂，同时又如此美妙地遵循着以物理定理为基础的各种规律。人类通过掌握这些规律，才得以理解、利用和改造真实的宇宙。在这些规律的统治下，真宇宙、星系和地球都经过了十几亿年的演变，再经过了几亿年的生物进化，才出现了无比丰富的生物界。又过了几百万年之后，才形成了今天的人类社会。可以说这些规律造就了人类，它们符合人类的原则，在逻辑上能自洽。当然，元宇宙也可以有不同的物理学、生物学和经济学，但这些规律来自设计者的凭空制造，在逻辑上并不自洽。比如，人类主要文明都有注重家庭和后代的传统，否则这个文明早就走向灭亡了。然而，元宇宙的社会规则却完全不需要考虑这些道德规范。

真实世界更丰富且更有逻辑，所带来的好处不仅是更加有趣，更重要的是能带来更多的创新可能性。更复杂和更丰富会增加创新的乐趣，而逻辑自洽是创新的必备条件。在一个逻辑不自洽的体系里创新，就像在一个逻辑不自洽的几何学里证明定理一样毫无意义。虽然元宇宙可以模拟如游戏《我的世界》之类的创新环境，但与真实世界的创新环境的丰富性和逻辑性相比仍有天壤之别。因此，从追求创新和传承意义的角度来看，真宇宙不可替代。

真实世界更加丰富复杂，且有规律和逻辑自洽，能够促进有意义的创新，所以人类必须保持探索真实世界的欲望，虽然探索真实世界比探索元宇宙更加昂贵、复杂，甚至有风险。探索真实世界的重要方式就是旅行，旅行可以深度体验不同地方的自然和人文景观，更重要的是可以促进交流、学习和创新。

虚拟旅行是否可以替代真实旅行？未来是否可能通过远程视频替代现场去旅行？如果仔细分析，就知道远程视频技术永远无法替代现场旅行。先不说如何模拟触觉、味觉等，仅是交互速度的问题，就会成为无法突破的瓶颈。人们对真宇宙的探索是交互过程。比如某个景点，山上流下瀑布，瀑布流淌成小河，河边有一群人。如果你在现场，视线自然会从"山"转移到"瀑布"，再转移到"小河"，最后聚焦到感兴趣的某个"人"。如果在真实的现场，这几次聚焦几乎可以瞬间完成。但假设你在几百万米之外通过远程视频进行"虚拟旅行"，就算不考虑需要传输多少信息量，仅仅几次不同聚焦的视线变化，通过头部和眼睛动作，传输到服务器驱动现场的摄像头，获得新的视角和聚焦的图像再传输回来，交互过程就会出现很长的延迟，而且这种延迟由光速的有限性和操作设备的物理有限性所决定，永远无法被逾越。可见，远程旅行不可能替代真实旅行。

虽然元宇宙不够丰富和有规律，但还是存在替代真宇宙的风险，因为元宇宙可以低成本地以假乱真，让很多人在元宇宙里获得模拟创新和传承的虚假快感。元宇宙可以低成本地创造几乎所有乐趣，不仅涉及娱乐，就连社交、亲情和成就感都有可能在元宇宙中被模拟和实现。元宇宙可以足不出户就满足各个层次的心理需求，包括安全感、社交、自尊心和成就感。比如，从打怪升级获得成就感要比从科研创新获得成就感容易多了。因为不需要符合真宇宙的逻辑性，也可以凭空创造很多虚妄的乐趣，这就跟毒品一样，让人获得真宇宙里不可能获得的乐趣。比如，可以创造绿色的天、蓝色的沙漠、完美的俊男美女，也可以让你赢得每一场足球比赛和牌局，满足虚妄的被尊重感和成就感。

元宇宙还可以创造爱情和亲情的替代品。这倒也不一定是坏事，对于某些人来说，从虚拟世界获得这些情感也是一种补充。问题在于，在可以预见的将来，人类的繁衍还是需要爱情、亲情和家庭。如果年轻人在真实世界中不再需要爱人和儿女的陪伴，那么生育率暴跌就会变成迫在眉睫的危机。

如果更多人去探索元宇宙而非真宇宙的规律，那么人类的科技就会停滞。如果科技停滞，人类就可能永远被限制在地球上，那么未来的灭绝风险就会增加。我在这方面和马斯克的观点一致，即人类必须实现星际旅行和定居，才能彻底避免灭绝风险。

总的来说，元宇宙无法替代丰富且逻辑自洽的真宇宙。我们要警惕元宇宙所创造的各种可以乱真的低级乐趣，那些乐趣可能替代爱情和亲情而造成人口风险，也可能替代人类探索真宇宙和创新的欲望。元宇宙应该成为真宇宙的模拟和预览，促进而非替代对真宇宙的探索。就像可以通过模拟器来训练飞行员一样，或者就像看到景点美照就会增加对旅行的兴趣一样，虚拟现实技术应该被用来促进对真宇宙的探索。携程的使命之一就是，通过网络技术来促进旅行，让人类保持探索真宇宙的欲望。

基因技术和长寿技术

人类逐步掌握了基因编辑技术，也可以通过改变个别基因来治疗和预防某些疾病。在技术上，人类已经可以编辑自己孩子的基因，改变两性繁殖的自然过程，这也被认为是风险极大的行为。因为人类虽然能够编辑基因，但对于人类DNA的生理机能还所知甚少，改变一个基因就可能引发意想不到的副作用。这就像在没有读懂一个几百万行的程序代码之前，任意修改代码中的某一行指令，出现错误的风险就会变得极大。实际上，把DNA比作一个几百万行的代码，还是低估了破解DNA的难度。因为创造几百万行代码的程序员和你是同类，DNA却是自然进化的产物，而且经过了几亿年的沉淀，所以读懂DNA要难得多。

即使读懂了DNA，可能也只是明白了表面的机理，至于其潜在奥妙可能永远无法破解。因为这些设计可能用于防范病毒等未知威胁，而且病毒可能只是在几亿年的进化长河中威胁过人类，这些威胁是现代人无法想象的，但威胁或病毒却在未来存在发生的可能性。如果贸然编辑基因，表面上可能是优化，实际上却可能删除了一个潜在有用的功能或者抗体。

那么，完全复制 DNA 来制造孩子是一个好主意吗？那样基因就会缺乏两性繁殖。两性繁殖既有传承，又有创新，也经过了几亿年的检验，是迄今为止最优的基因创新和传承的方案。因此，在可预见的将来，我们还是需要依靠传统的男女两性繁殖来维持人类基因的传承，即便其过程并不完美且成本高昂。

生命科学的另一个突破方向是长寿。延年益寿绝对是最没有争议的技术，谁会拒绝长生不老呢？但这项技术同样面临风险，那就是如果人类长生不老，那么社会上的老人就会越来越多。如果还是只有地球一个星球可以居住，那么人类会削弱甚至失去生孩子的动力。随着老人越来越多，整个社会的基因创新会陷入停滞，进而会不会引起社会的停滞？对此感兴趣的读者，可以读一下我的科幻小说《永生之后》。这部小说描述了一个永生社会所遇到的困境。永生的社会，必然会引起社会阶层固化、极度慢节奏和厌恶风险。在书中，这个有点像日本社会的老龄社会变得更为极端。社会虽然可以长存不息，但是缺乏创新，只是一种无趣的永生。而且由于科技停滞，不太可能发展太空移民技术，于是人类在遇到一些外部风险时，也会面临灭绝的风险。

太空旅行和移民

如果长寿是对生命时间的拓展，那么旅行就是对生命空间的拓展。历史上，旅行对人类文明的发展具有重大意义。人类文明的创新和认知升级，往往都与旅行和迁徙有关。人类是最擅长迁徙的动物之一,也是唯一可以带着工具长距离迁徙的动物。当智人从非洲迁徙到广阔的欧亚大陆后,其文明水平实现了一次飞跃。近代的大航海远行,也极大地提升了人类的认知,并且引发了后来的工业文明。如果人类未来能够探索和移民太空,则必定是人类文明的又一次飞跃。

在更广阔的空间开枝散叶,也提高了延续人类文明的可能性。从非洲走出来的智人部落很多,大部分遭遇灭绝,好在我们祖先所在的部落取得了成功。如果我们的后代未来能够在多个星球上繁衍,让每个星球都保持不断创新和继续迁徙的活力,那就大大提升了人类文明的延续能力。因此,哪怕人类在一个星球上出于各种原因遭遇灭绝,宏观而言也只是一个部落的灭绝,而非整个人类文明的灭绝,这就是宇宙维度的"把鸡蛋放在多个篮子里"。

但是相比其他技术,如人工智能、虚拟技术或者医疗技术,太空旅行要难得多。因为受到光速有限的物理限制,比其他技术的发展慢得多,成本也比其他技术高得多,需要消耗巨量的能源。太空移民还需多年的努力,这比送几个人上太空观光难得多。移民几百万人到火星上生活,或许要几千年甚至更长时间才能做到。

此外,与大航海时代不一样,对于太空移民,人类并没有多少利润或者生存动力可言。移民太空既困难,又费钱,而且早期移民不愿意放弃地球上安逸和舒适的生活。距离人类上次登上月球已经过去了 50 多年。在这 50 多年里,基因技术、人工智能和元宇宙等技术已经突飞猛进,而太空移民技术的发展速度却远远落后于其他技术。

元宇宙可以在一定程度上以假乱真地模拟探索和创造的快乐，长生不老可以让人类失去时间的紧迫感。这两项技术的普及很可能会使人类长时间沉迷于廉价的娱乐，而不愿意去做有风险的太空旅行。更令人悲观的是，太空技术没有很好的商业应用价值，不像元宇宙或基因技术那样能带来直接的经济效益。甚至仅以个体或者一代人的利益而言，太空移民可能没有任何回报。

著名的费米悖论提出，既然宇宙中有那么多行星，其中肯定有不少发展出了类似人类的文明，而且他们应该也有能力进行太空旅行和移民，那么我们为何至今没有发现外星人呢？一种可能的解释是，其他技术例如元宇宙或者长寿要比太空技术容易得多，当人们已经可以在虚拟世界获得近乎无限的快乐时，当人们已经能够长生不老时，为什么还要移民太空呢？可能很多星球的文明永远停滞在虚拟社会或者永生社会，所以就永远被淹没在宇宙中，也永远发现不了地球文明。

人类文明要想避免这种命运，就必须优先发展太空旅行技术。从促进人类文明长期繁荣的角度来考虑，在众多技术中最重要的就是旅行和太空探索。不仅因为太空移民可以把文明的鸡蛋放在多个篮子里，从而彻底解决人类文明的延续问题，而且探索太空可以让人类文明有几乎无限的动力和可能性。因此，从创新和传承的角度看，必须大力发展太空旅行和移民技术，即便要为此付出宝贵的生命和巨额的金钱。

太空移民技术的巨大成本是需要庞大的人口和经济基础来支撑的。试想地球上的人口只有现在的1/10，美国的人口和经济规模只有加拿大的水平，中国的人口只有日本那么多，那么世界上可能没有一个国家可以承担太空旅行的昂贵费用。有人可能会说，人类有几乎无限的时间，太空旅行可以慢慢来。然而，在人口减少到一定程度以后，不要说推进太空旅行，即便维持现有的太空旅行技术都很困难。实际上在 SpaceX（太空探索技术公司）之前，全球的太空旅行技术都出现了倒退。一旦人口数量下降到一定水平以下，太空探索就永远停止了。人口大幅减少并不是危言耸听，而是迫在眉睫，按照现在的生育率计算，中国只要四代人，人口就会减少到原来的 1/10，世界人口的长期趋势也是如此。但主流经济学家和政治家并没有看得那么长远，只有极少数学者开始担忧人口减少对创新的负面影响。

总之，太空旅行相对于其他技术很难且很贵，还有极大的风险，需要依赖庞大的人口和经济规模，但是却没有什么短期的经济回报。太空旅行既能促进开拓边界促进创新，又能通过分散风险促进传承。当然这些好处都不是当代可见的，而是为了人类的长期繁荣，所以只有把创新和传承当作重要的价值观，才能激发整个社会对于太空探索的热情，投入足够的资源去推进太空移民的技术，同时保持人口规模和经济规模的稳定。

说到太空旅行，就不得不提马斯克。他创办的 SpaceX 极大地推动了人类太空旅行技术。马斯克多次讲述了太空旅行对于人类文明的意义，这与本章的观点十分接近。不仅如此，马斯克对于创新的狂热追求也非常契合创新主义的价值观。有趣的是，马斯克对人口的观点也和创新主义不谋而合。马斯克不止一次在公开场合说，人口危机是人类创新的最大隐患。喜欢创新的人同样喜欢人口，这不是巧合，因为两者存在相同的底层逻辑。打个比方，人口好像是人类文明的硬件，而创新好像是软件。创新的繁荣需要人口，人口的繁荣也需要创新，而人类文明的繁荣就是需要硬件和软件,即人口和创新同时繁荣。

仰望星空,如果人类不是宇宙中唯一的文明,那么我们就应该不断创新去开拓宇宙,只有这样才能跑赢外星人,避免被外星人灭绝或奴役的命运。如果人类是宇宙中唯一的文明,那么人类文明的火种是多么宝贵,人类的使命更需要创新和传承,让这颗唯一的文明种子延续下去,并让子子孙孙不断拓展探索宇宙奥秘的边界。从宗教的角度来看,如果上帝创造了人类,同时还创造了渺小的地球和浩瀚的宇宙,那么造物主是否也在期待人类去探索宇宙呢?到那时,广阔的宇宙将成为人类无比精彩的创新和传承的舞台。

结　语

在本书中，我向读者揭示了一种尚未被全面探讨的哲学思想和价值观，我将其命名为"创新主义"，其使命就是通过创新和传承来追求人类文明的长期繁荣。我详细阐述了这两项原则及其延伸的价值观，以及如何将创新主义从抽象理论转化为具体实践。

创新主义重视创新的力量，其中不仅包括科技和人文的知识，还认为生育带来的基因传承也是创新和传承的重要组成部分，这是传统哲学流派中罕见的视角。与传统哲学流派相比，创新主义具有多种明显优势。首先，它结合了创新和传承的概念，而在许多传统哲学中，这两者通常形成对立。其次，创新主义论证了创新的追求是人类和动物最本原的区别，也应该成为人类生命的追求。最后，相对于传统哲学，创新主义所代表的价值观更加符合现代社会的要求，比如创新主义强调科学、理性、包容和可持续性。创新和传承的价值观也给科技伦理的讨论提供了思想框架和指导。

创新主义强调实用性，不仅关注理论，还可以衍生出一系列价值观，更从国家、社会和个人等各个层面将这些理论转化为实践。创新主义提倡国家应该施行开放、包容且生育友好的政策，提倡平等、协作、理性等有利于创新的企业战略和文化，也提倡博学多问、进取求新和注重家庭的生活哲学。

科技创新在带来丰富的物质享受的同时，也在改变生活方式和逐步异化人性。人类要关注这些科技创新对生命意义的影响。按照创新主义的理念，就是要以人类长期文明作为目标，评估某项科技创新是否有利于创新和传承，从而制定相关的科技政策。其中的一个建议就是，要大幅度加大太空移民相关的科技投入，因为太空移民非常困难，但是能够让人类创新和传承的能力实现跃升。

科技创新引发了对科技伦理的讨论，可以从创新主义中获得启发。例如，人类在当今社会面临的最大问题之一，就是全球变暖导致的可持续发展困境。在这个问题上，创新主义可以指导我们如何在当代人的利益与可持续发展之间实现平衡。又如，一些人担心科技创新和人工智能将取代很多人的工作，那么人类生命的意义会随着工作岗位一起丢失吗？创新主义的回答是，因为创新工作具有不确定性和风险性，同时又充满了乐趣，所以人类不会把创新工作完全交给人工智能。未来人类的生命意义，会更聚焦于创新和传承。

随着生活方式的改变，人们的生育观念也会发生变化。人们对于爱情和亲情的需求，正在被不同的科技手段所取代。低生育率是一个全球性问题，与地域、文化以及公共政策都有关系。在现代社会中，年青一代选择不生育的理由多种多样。有些人追求自由和独立的生活方式，认为孩子可能会束缚他们探索世界和参与社交。有些人则面临经济压力，他们意识到养育孩子需要投入大量金钱，包括教育、医疗和日常生活费用等。有些人更关注职业发展，认为孩子可能会分散他们的精力，导致无法全力以赴投入工作中。有些人出于对当前社会和环境问题的担忧，从而选择放弃生育。还有些人的选择基于个人价值观，只是简单地不想拥有孩子，或者认为自己无法胜任父母的角色。

生育是个人的选择，每个人的选择都应该被尊重。但我认为，如果一个社会能提供友善的生育环境，并且营造出鼓励生育的社会文化与舆论氛围，那么这样的社会环境还是能影响和改变个人选择的。让更多的人认识、理解并接受创新主义，则是创建这种文化和社会环境的首要任务。在达成社会共识之后，还要把这些共识转换成公共政策。由政府来承担一部分抚养孩子的成本，并且提供充足的社会福利，进而促进生育率的提升。

创新很难，需要付出长时间的努力。很多人的创新尝试可能以失败告终，所以创新主义的价值观不会自动成为社会主流。但创新的尝试无论成功与否，终将惠及全社会。正如前文所述，通过全社会认可创新主义的价值观，才能让更多的社会资源投向环保领域和太空旅行的创新。

同样的道理，现代社会主要由家庭承担抚养孩子的成本，但孩子未来的创新却主要贡献于社会。考虑到养育孩子需要消耗巨大的成本，而且大多数孩子可能并不出色，所以生育文化不会自动成为社会主流。正因如此，几乎所有富裕国家的生育率远远低于更替水平。

总之，创新和生育之间存在着利益错配，在当前利益和长远利益、个人利益和社会利益、当代人利益和后代人利益之间，都存在矛盾。大多数人虽然认可创新和传承的长期使命，但出于眼前的利益，很可能还是会做出短视的选择。

  只有当很多人达成了新的社会共识之后，也就是把创新和传承当作文明的使命和生命的意义之后，才有可能推动公共政策做出必要的改革。与几十年前相比，当代社会富有得多，完全有能力投入足够的资源去支持创新和生育。目前真正欠缺的，是全社会对于创新主义价值观的普遍认可。希望本书能够引起更多的思考和讨论，这将关乎人类文明的发展前景。在宇宙的尺度，人类的生命非常短暂，地球也非常渺小，但是只要不断地创新和传承，就可以实现无限广阔和有趣的可能性。

致　谢

首先也是最重要的，我非常感谢我已故的导师爱德华·拉齐尔，是他在斯坦福大学引导我进入劳动经济学领域。其次向已故经济学家、诺贝尔经济学奖得主加里·贝克尔致以特别感谢，当我在芝加哥大学从事博士后研究时，正是他鼓励并指导我研究这个主题。我还要感谢黄文政，我们共同研讨和撰写了很多该主题的文章。同样，感谢鲍笛、方正宇、何亚福，他们做了大量数据收集、分析以及文字整理的工作。

参考文献

第一章

1. Dawkins R. The Selfish Gene [M]. Oxford: Oxford University Press, 1976.

第二章

1. 猎聘. 2018 AI 人才竞争力报告 [R]. 北京：猎聘，2018.
2. National Center for Science and Engineering Statistics. Federally Funded R&D Declines as a Share of GDP and Total R&D [R]. Alexandria: National Center for Science and Engineering Statistics, 2023.
3. 宋晨. 我国基础研究经费首破 2000 亿元——专家详解《2022 年全国科技经费投入统计公报》[EB/OL]. [2023-09-19]. https://www.gov.cn/yaowen/liebiao/202309/content_6904822.htm.
4. Nordhaus W D. Schumpeterian Profits in the American Economy: Theory and Measurement [R]. National Bureau of Economic Research, 2004.
5. Stanford Social Innovator Review. All entrepreneurship is social [EB/OL]. Retrieved from https://ssir.org/articles/entry/all_entrepreneurship_is_social.
6. Aghion P, Bloom N, Blundell R, et al. Competition and innovation: An

inverted U relationship [J]. The Quarterly Journal of Economics, 2005.
7. Stanley K O, Lehman J. Why greatness cannot be planned: The myth of the objective [M]. Cham: Springer, 2015.
8. Romer P. Endogenous Technological Change [M]. Chicago: The University of Chicago Press, 1990.
9. Schumpeter J. Capitalism, Socialism and Democracy [M]. New York: Harper Perennial Modern Classics, 1950.

第三章

1. 利维 - 巴奇. 世界人口简史 [M]. 北京：中国友谊出版公司，2022.
2. 葛剑雄. 中国人口史 [M]. 上海：复旦大学出版社，2005.
3. 麦迪森. 世界经济千年史 [M]. 北京：北京大学出版社，2022.
4. Goldewijk K K, Beusen A, Doelman J, et al. Anthropogenic land use estimates for the Holocene-HYDE 3.2 [J]. Earth System Science Data, 2017.
5. Malthus T R. An Essay on the Principle of Population[M]. Oxford: Oxford University Press, 1999.
6. Cost of Raising a Child Ticks Up [J]. The Wall Street Journal, 2010.
7. 梁建章，任泽平，等. 中国生育成本报告 2022 版 [R]. 育娲人口研究，2022.
8. 梁建章，任泽平，等. 中国人口预测报告 2021 版 [R]. 育娲人口研究，2021.

第四章

1. Becker E. The Denial of Death [M]. New York: Free Press, 1973.
2. Piaget J. The Language and Thought of the Child [M]. Reading: Routledge & Kegan Paul, 1926.
3. Kang M J, Hsu M, Krajbich I M, et al. The Wick in the Candle of Learning: Epistemic Curiosity Activates Reward Circuitry and Enhances Memory [J]. Psychological Science, 2009.
4. Stumm S, Hell B, Chamorro-Premuzic T. The Hungry Mind: Intellectual

Curiosity Is the Third Pillar of Academic Performance [J]. Perspectives on Psychological Science, 2011.

第六章

1. Porter M E. The Competitive Advantage of Nations [M]. New York: Free Press, 1990.
2. Liang J, Wang H, Lazear E. Demographics and Entrepreneurship [J]. Journal of Political Economy, 2018.

第七章

1. European Commission. The 2022 EU Industrial R&D Investment Scoreboard [EB/OL]. Retrieved from https://iri.jrc.ec.europa.eu/scoreboard/2022-eu-industrial-rd-investment-scoreboard.
2. Drucker P F. Innovation and Entrepreneurship: Practice and Principles[M]. New York: Harper & Row, 1985.
3. Christensen C M. The Innovator's Solution[M]. Watertown: Harvard Business School Press, 2003.
4. Christensen C M. The Innovator's Dilemma [M]. Watertown: Harvard Business Review Press, 2016.
5. Bloom N, Han R, Liang J. How Hybrid Working From Home Works Out[J]. Journal of Financial Economics, 2020.

第八章

1. Dyer J, Gregersen H, Christensen C M. The Innovator's DNA[M]. Watertown: Harvard Business Review Press, 2011.
2. Lazear E. Entrepreneurship [J]. Journal of Labor Economics, 2005.